교과서 속 생활 과학 이야기

책빛

알면 알수록 빛이 나는 우리 조상들의 생활 속 과학

하루종일 길을 걸어도 흙을 밟아 보기 힘들고,
밤이 깊어도 하늘엔 반짝이는 별빛이 드물며,
먹거리며 입을거리 역시 옛 정취를 찾아보기 힘든 것이
요즘 우리들의 생활 모습이에요.
"아이고, 그럼 옛 것은 다 사라지고 박물관이나 민속촌에서나
찾아봐야 하는 건가요?"
물론 아니에요. 우리 조상들의 생활 문화는
우리의 삶 속에 숨쉬고 있거든요.
우리 조상들의 생활을 살펴보면 깜짝 놀랄 만큼 과학적이라는
사실을 알게 돼요. 꼭 필요한 만큼만 활용하는 실용성을 통해
우리 조상들의 지혜를 발견할 수 있지요.
따스함과 건강을 동시에 안겨 주는 온돌,
맛과 영양에서 빼어난 먹거리 나물,
귀신도 탐낼 만큼 실용적인 옷감, 삼베와 모시
천년이 지나도 변하지 않는 한지 등
생활 깊숙한 곳에 숨어 있는 조상들의 삶의 지혜는
지금도 감탄을 자아내기에 충분하지요.
자, 이제부터 박물관이나 민속촌에서 그저 눈요기거리로만 보아 왔던
옛 것들 속에서 세계 어디에서도 찾아볼 수 없는
과학과 지혜를 얻어 가도록 하세요.

국보만큼 값진 이 책의 아주 특별한 자랑

1. 우리 과학 논술을 읽기 전

각 장에서 다루는 주제와 관련된 사진을
보면서 어떤 내용이 들어 있을지
미리 생각해 보세요.
본문을 요약한 짧은 설명글이 내용을
이해하는 데 도움을 줄 거예요.

2. 재미있는 이야기도 읽고 생활 과학의 원리도 배우고

우리 조상들의 삶 속에 전통 생활 과학이
어떻게 녹아 있는지 설화나 전설 이야기를
읽으며 쉽고 재미있게 이해해 보세요.
전통 생활 과학이 주는 지혜와 슬기를
배울 수 있지요.

3. 과학 원리 좀더 자세히

본문에서 다루지 못한 특별하고
세부적인 전통 생활 과학 항목들을
좀더 자세히 다루었어요.
물건이 만들어지는 과정에서부터
다양한 활용 방법까지,
어린이들이 궁금해하는
내용들이 모두 담겨 있지요.

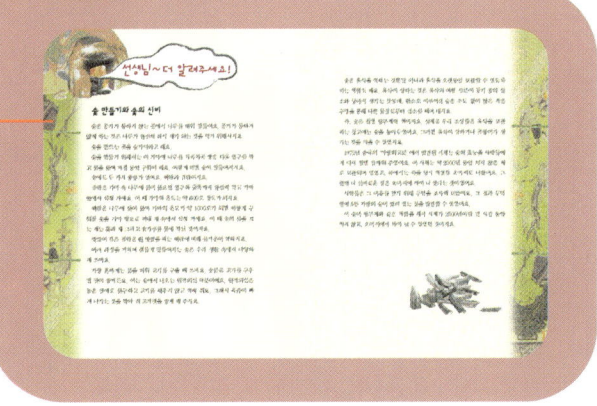

내용을 이해했는지 점검하기

내용을 정확하게 파악하며 읽었는지 문제를 풀면서 확인해 볼 수 있어요. 독해력과 분석력, 사고력을 높여 논술의 기초를 다질 수 있게 해 주지요.

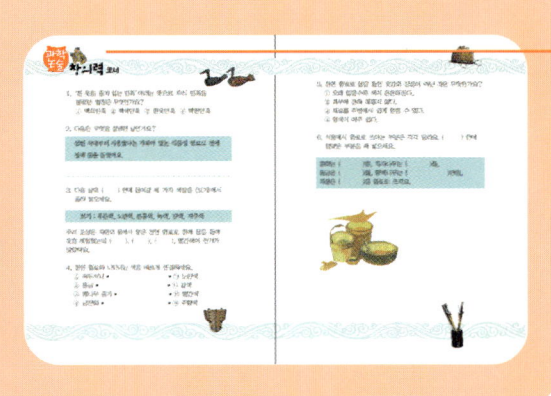

전통 문화와 생활 속의 과학에 대한 이해 다지기

전통 문화와 과학에 관련된 문제를 풀면서 주제를 다시 한번 되짚어 볼 수 있어요. 또 논리적으로 생각하고 근거를 제시할 수 있는 힘을 기르게 되지요.

차례

- **6** 나무를 태워 얻은 보물 **숯**
  검댕 숯과 억척 부자
- **24** 친구 같은 자연 재료 **짚**
  햇볕 나면 나막신 타령, 비오면 짚신 타령
- **42** 숨쉬는 그릇 **옹기**
  장님의 헛꿈 꾸기
- **60** 자연을 닮은 빛 **옻칠**
  흥부야, 화초장이 무엇인고?
- **78** 발효된 건강 식품 **장**
  메주 도사
- **96** 들판의 비타민 **나물**
  요술 부리는 복배 망태기
- **114** 더위를 쫓는 서민들의 옷 **모시 삼베**
  마의 태자 이야기
- **132** 천년 동안 변치 않는 종이 **한지**
  담배 피는 종이 호랑이
- **150** 따뜻한 방, 건강한 방 **온돌**
  똥으로 물리친 천년 구렁이
- **168** 한 가지 재료로 만드는 백 가지 색 **쪽빛**
  신통 처녀 방통 총각 결혼하기

선생님~더 알려 주세요! 18 | 36 | 54 | 72 | 90 | 108 | 126 | 144 | 162 | 180
과학논술 **사고력** 코너 20 | 38 | 56 | 74 | 92 | 110 | 128 | 146 | 164 | 182
과학논술 **창의력** 코너 22 | 40 | 58 | 76 | 94 | 112 | 130 | 148 | 166 | 184

나무를 태워 만드는 숯

나무를 태워 얻은 보물

숯

나무와 불이 만들어 낸 우리 민족의 보물 숯!
숯은 생활 곳곳에 쓰이면서 우리 조상의 건강한 삶을
이어 가게 해 준 고마운 재료였어요.
참나무를 태워 만든 숯은 먹거리를 만들 때 쓰는 재료에서부터
나쁜 기운을 몰아 내고, 깨끗한 기운으로 걸러내 주며,
신성함을 지켜 주는 일까지 해 주는 팔방 미인이었지요.

검댕 숯과 억척 부자

고래등 같은 기와집에 부자가 살고 있었어요. 배운 것도 없고 가난했지만 어려서부터 부지런히 일해 돈을 모은 사람이었지요.

그는 시장에서 허드렛일도 하고, 남의 집 머슴살이도 하면서 잠자는 시간을 빼고 일만 했어요. 그러다 보니 나중에는 내로라 하는 부자가 될 수 있었지요.

사람들은 그를 두고 억척스레 일만 한다고 해서 억척 부자라고 불렀어요. 부자가 된 그는 늦게 장가도 가고, 두 아들 삼수와 삼득이도 얻었어요.

하지만 행복한 시간은 너무 짧았어요. 아이들이 다 자라기도 전에 억척 부자는 그만 병을 얻고 말았지요.

자리에 누운 억척 부자는 무엇보다 두 아들이 걱정되었어요.

'재산이 많아도 그것을 관리할 지혜가 없다면 금방 가난해질 텐데 재산을 누구에게 물려주는 게 좋을까?'

억척 부자는 한참 동안 고민을 하다가 두 아들을 불렀어요.

"오늘부터 너희들은 일꾼들을 데리고 각자 우물을 파거라."

삼수와 삼득이는 억척 부자가 시키는 대로 우물을 파기 시작했어요.

"에이, 귀찮아. 마을에 큰 우물이 있는데 아버지는 왜 또 우물을 파라고 하는 거야?"
 게으른 형 삼수는 일꾼들을 데리고 마을 아래로 내려갔어요. 그 곳엔 자그마한 웅덩이가 있었어요.
 "여길 파요. 웅덩이 옆이니 조금만 파도 물이 나올 거예요."
 일꾼들은 삼수가 시키는 대로 땅을 팠어요. 그러자 채 반나절이 지나지 않아 물이 나왔어요.
 삼수는 주변에 돌을 쌓아 두고 집으로 돌아왔어요.
 "야, 삼득아. 넌 아직도 우물을 파고 있니?"
 삼수가 집 뒤뜰에서 우물을 파고 있는 삼득이에게 말했어요.
 "예, 형님."
 "넌 참 한심하구나. 여긴 아버님이 예전에 우물을 팠다가 물이 좋지 않아 다시 메운 곳이 아니냐?"
 삼수는 대청마루에 벌렁 드러누워 동생 삼득이를 보면서 측은하다는 듯 혀를 찼어요.
 "쯧쯧쯧, 쓰지도 못할 우물을 파느라 사서 고생이군."
 삼득이는 오랜 시간에 걸쳐 우물을 팠어요.

물론 그 동안 삼수는 빈둥빈둥 놀기만 했지요. 놀기도 지겨워지자 삼수는 삼득이에게 갔어요.

삼득이는 마침 물이 스며들기 시작하는 우물 바닥에 숯을 깔고 있었어요.

"아니, 우물에 시커먼 숯을 넣다니 너 제정신이냐?"

"형님, 숯은 물 속에 있는 나쁜 물질을 없애 물을 맑게 해 준다고 합니다."

"에이, 바보. 그런 엉터리 말을 믿다니 너 정말 한심하구나."

얼마 후, 삼득이도 우물을 다 만들었어요.

삼수와 삼득이는 억척 부자에게 갔지요.

"우물을 다 팠습니다, 아버지!"

억척 부자는 사뭇 궁금한 얼굴로 방을 나섰어요.

"그래. 어디 한번 보자꾸나."

억척 부자는 먼저 웅덩이 옆에 판 삼수의 우물을 보러 갔어요. 삼수의 우물에는 맑은 물이 가득 고여 있었어요. 억척 부자는 삼수의 우물물을 마셔 보았어요.

"음, 물맛은 괜찮구나. 그런데 삼수야, 너는 어째서 여기다가 우물을 팠느냐?"

"네, 여기는 웅덩이가 가까이 있어 쉽게 물을 얻을 수 있기 때문입니다."

"그렇구나. 하지만 비가 오면 웅덩이의 물이 넘쳐 우물에 가득 찰 텐데 그 땐 어쩔 셈이냐?"

억척 부자의 질문에 삼수는 대답을 하지 못했어요.

억척 부자는 이어 삼득이의 우물로 갔어요.

"삼득아, 너는 어째서 뒤뜰에 우물을 팠느냐?"

"예, 사람들의 고생을 덜어 주기 위해서입니다. 우물이 멀리 있으면 사람들이 날마다 힘들게 물을 길어 와야 하거든요."

"음, 기특한 생각을 했구나. 하지만 여기 물은 냄새가 나고 이물질이 많아 마실 수가 없을 텐데?"

억척 부자도 예전에 우물을 파려다 물이 좋지 않아 그만두었던 적이 있었지요.

"물론 이곳 물은 좋지 않습니다. 하지만 숯을 쓰면 맑은 물을 얻을 수 있습니다."

"숯이라고?"

"예. 숯은 나쁜 냄새를 없애고, 이물질을 걸러내 물을 맑게 하는 힘을 가지고 있습니다. 그래서 예로부터 우물 밑에 깔아 물을 정화하는 데 써 왔습니다."

삼득이는 자신이 판 우물에서 물을 떠 억척 부자에게 바쳤어요.

"음, 과연 물맛이 좋구나."

물을 마시고 난 억척 부자가 고개를 끄덕였어요.

"삼득이는 사람들을 위할 줄 아는 따뜻한 마음에 어려움을 이겨 내는 지혜까지 지녔다. 내 재산을 너에게 물려줄 테니 부디 네 본성을 잃지 말고 가족들을 잘 보살피기 바란다."

억척 부자는 삼득이에게 자신의 재산을 모두 물려주었어요.

그 후로 삼득이는 억척 부자의 당부를 가슴에 새기고 가족들을 돌보며 행복하게 살았어요.

요즘은 어느 집이나 수도꼭지를 틀면 맑은 물이 콸콸 쏟아지지요. 하지만 옛날에는 이런 수도 시설이 없었어요.

그래서 사람들은 땅을 깊게 파서 그 곳에 고인 물을 마셔야 했는데, 그것이 바로 우물이지요.

우물은 대부분 마을 사람들이 함께 사용하는 공동 우물이었어요. 이 공동 우물을 파는 것은 마을 사람들에게는 큰일 중 하나였지요.

우물을 만들 때는 우선 여러 사람이 모여 물이 나올 만한 곳의 땅을 깊게 팠어요. 물이 나오기 시작하면 그 바닥에 먼저 잘

씻은 숯을 차곡차곡 깔았지요. 숯을 빈틈없이 깐 다음에는 자갈을 차곡차곡 쌓아 바닥을 고르게 했어요.

이렇게 우물에 깐 숯과 자갈은 지금의 정수기와 같은 역할을 했어요. 즉, 숯은 땅에서 솟아 나오는 물에 섞여 있는 불순물이나 더러운 성분을 깨끗이 걸러 주어 사람이 마셔도 탈이 나지 않게 해 주었던 거예요.

숯에는 아주 작은 구멍들이 있어요. 이 구멍은 물 속의 불순물이나 더러운 성분을 빨아들이지요. 그래서 숯을 넣어 둔 물은 시간이 지나면서 더 깨끗해지는 거예요.

한편 숯에는 마그네슘, 철, 칼슘 등의 미네랄이 들어 있어요. 이러한 성분은 물맛을 좋게 해 주지요. 이렇게 숯을 우물에 깔아 두면 맑고 깨끗하며 맛이 좋은 물을 얻을 수 있었어요.

그래서 옛사람들은 해마다 한 번씩 우물을 청소할 때면 바닥에 깔았던 숯도 반드시 갈아 주었다고 해요.

이러한 기능 때문에 숯은 우물뿐만 아니라 장을 담글 때에도 넣었어요.

숯을 이루는 작은 구멍들이 나쁜 균이 번식하는 것을 막아 주고 사람에게 이로운 미생물이 활발히 번식할 수 있게 도와 주기 때문이지요. 숯 속의 칼슘, 마그네슘, 철 등의 성분이 빠져 나와 미네랄이 풍부한 된장이나 간장으로 만들어 주는 거예요.

숯은 또 약으로도 썼어요. 몸에 나쁜 독이 들어가 염증이 생겨 고통스러울 때, 사람들은 숯가루를 물에 타서 마시거나 상처에 발랐어요. 숯이 독소를 몸 밖으로 빨아내 치료를 도와 주는 기능을 하기 때문이지요.

한편, 요즘 들어 숯의 기능 중에 전자파를 차단하는 힘이 있다는 것도 확인되었어요.

금줄에 숯을 달면 잡귀도 물러간다!

전에는 아기가 태어나면 방문 앞에 금줄을 쳤어요. 그 이유는 잡귀가 들어오는 것을 막기 위해서였지요. 새끼의 엉성한 티끌이 귀신의 목에 걸리기 때문에 잡귀를 쫓을 수 있다고 믿었던 거예요. 하지만 진짜 비밀은 금줄에 달아 놓은 숯에 있어요.

숯이 산모와 아기를 해로운 미생물로부터 보호해 주는 역할을 했던 것이지요.

그럼, 고추는 왜 끼웠냐고요?

그거야, 고추만 봐도 번뜩 떠오르는 게 있으니 당연히 상징물의 의미이지요.

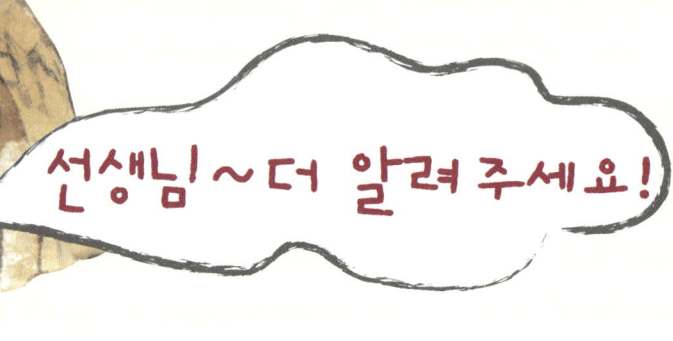

선생님~더 알려주세요!

숯 만들기와 숯의 신비

숯은 공기가 통하지 않는 곳에서 나무를 태워 만들어요. 공기가 통하지 않게 하는 것은 나무가 완전히 타서 재가 되는 것을 막기 위해서지요.

숯을 만드는 곳을 숯가마라고 해요.

숯을 만들기 위해서는 이 가마에 나무를 차곡차곡 쌓은 다음 입구를 막고 불을 붙여 며칠 동안 구워야 해요. 이렇게 하면 숯이 만들어지지요.

숯에도 두 가지 종류가 있어요. 백탄과 검탄이지요.

검탄은 가마 속 나무에 불이 붙으면 입구와 굴뚝까지 완전히 막고 가마 안에서 식힌 거예요. 이 때 가마의 온도는 약 600도 정도가 되지요.

백탄은 나무에 불을 붙여 가마의 온도가 약 1000도가 되면 하얗게 구워진 숯을 가마 밖으로 꺼내 재 속에서 식힌 거예요. 이 때 숯의 불을 끄는 재는 흙과 재 그리고 숯가루를 물에 적신 것이지요.

빛깔이 검은 검탄은 흰 빛깔을 띠는 백탄에 비해 불기운이 약하지요.

여러 과정을 거치며 힘들게 만들어지는 숯은 우리 생활 속에서 다양하게 쓰여요.

가장 흔하게는 불을 피워 고기를 구울 때 쓰지요. 숯불로 고기를 구우면 맛이 좋거든요. 이는 숯에서 나오는 원적외선 덕분이에요. 원적외선은 높은 열에도 불구하고 고기를 태우지 않고 익혀 줘요. 그래서 육즙이 빠져 나가는 것을 막아 줘 고기맛을 좋게 해 주지요.

숯은 음식을 익히는 것뿐만 아니라 음식을 오랫동안 보관할 수 있도록 하는 역할도 해요. 음식이 상하는 것은 음식의 어떤 성분이 공기 중의 산소와 닿아서 생기는 것인데, 탄소로 이루어진 숯은 수도 없이 많은 작은 구멍을 통해 다른 물질로부터 산소를 떼어 내지요.

즉, 숯은 천연 방부제인 셈이지요. 실제로 우리 조상들은 음식을 보관하는 창고에는 숯을 놓아두었어요. 그러면 음식이 상하거나 곰팡이가 생기는 것을 막을 수 있었지요.

1972년 중국의 '마왕퇴고분'에서 발견된 시체는 숯의 효능을 사람들에게 다시 한번 일깨워 주었어요. 이 시체는 약 2500년 동안 썩지 않은 채로 보관되어 있었고, 몸에서는 죽을 당시 먹었던 오이씨도 나왔어요. 그런데 더 신비로운 것은 오이씨에 싹이 나 있다는 것이었어요.

사람들은 그 이유를 알기 위해 무덤을 조사해 보았어요. 그 결과 무덤 밑에 5톤 가량의 숯이 깔려 있는 것을 발견할 수 있었어요.

이 숯이 방부제와 같은 역할을 해서 시체가 2500년이란 긴 시간 동안 썩지 않고, 오이씨에서 싹이 날 수 있었던 것이지요.

사고력 코너

1. 억척 부자는 어떻게 부자가 될 수 있었나요?
   ① 부모에게 유산을 많이 물려받아서
   ② 열심히 일을 해서
   ③ 우연히 금은 보화를 발견해서
   ④ 나라에 큰 공을 세워서

2. 억척 부자는 두 아들에게 재산을 물려주기 위해 어떤 일을 시켰나요?
   ① 우물 파기
   ② 집짓기
   ③ 숯 만들기
   ④ 장사하기

3. 억척 부자가 재산을 물려줄 때 중요하게 생각했던 점을 써 보세요.

4. 삼득이와 삼수가 한 일로 보아 알 수 있는 성격을 바르게 짝지어 보세요.

　　　　　　　　　　　　㉠ 부지런하다
　　삼득 •　　　　　　　㉡ 게으르다
　　　　　　　　　　　　㉢ 분별력이 있다
　　삼수 •　　　　　　　㉣ 치밀하지 못하다
　　　　　　　　　　　　㉤ 이기적이다

5. 억척 부자는 어느 아들에게 재산을 물려주었나요? 또 그렇게 한 까닭은 무엇인가요?

6. 이야기 속에 나타난 숯의 장점이 아닌 것을 고르세요.
　① 나쁜 물질을 걸러 준다.
　② 냄새를 없애 준다.
　③ 정신을 맑게 해 준다.
　④ 물을 맑게 한다.

창의력 코너

1. 다음 중 숯을 만들기 적당한 나무는 무엇인가요?
   ① 낙엽송
   ② 은행나무
   ③ 참나무
   ④ 전나무

2. 숯을 만드는 곳은 어디인가요?
   ① 솥
   ② 가마
   ③ 동굴
   ④ 아궁이

3. 숯을 만들기 위한 조건으로 맞지 않는 것은 무엇인가요?
   ① 나무에 기름 연기를 피워 주어야 한다.
   ② 강력한 불이 스스로 꺼질 때까지 두어야 한다.
   ③ 공기가 통하지 않는 곳에서 나무를 태워야 한다.
   ④ 불 붙은 나무를 재로 덮어 식혀야 한다.

4. 숯에 대해 설명한 것으로 맞지 않는 것을 고르세요.
   ① 숯은 탄소라는 성분으로 되어 있다.
   ② 숯에는 미세한 구멍이 있어 냄새를 없애는 등 다양한 기능을 한다.
   ③ 숯은 검은색이어서 물에 넣으면 검은색 물감을 얻을 수 있다.
   ④ 숯으로 불을 피울 수 있다.

5. 숯이 사용되는 곳을 아는 대로 쓰세요.

6. 우리 조상들이 음식을 보관하는 곳에 숯을 놓아두었던 것으로 알 수 있는 것은 무엇인가요?
    ① 숯은 음식의 향이 날아가지 않게 해 준다.
    ② 숯은 음식의 색이 변하지 않게 해 준다.
    ③ 숯은 음식의 모양이 변하는 것을 막아 준다.
    ④ 숯은 음식이 상하는 것을 막아 준다.

짚으로 이은 초가집

02

친구 같은 자연 재료

짚

짚은 우리 주변에서 흔하게 접할 수 있어 짚신뿐만 아니라
생활 곳곳에 쓰이는 여러 가지 물건을 만드는 데 요긴하게 쓰였어요.
농사를 주로 지으며 살아 왔던 우리 조상들에게 짚은 없어서는
안 되는 땔감이자 건축과 생활용품의 재료였지요.

햇볕 나면 나막신 타령, 비 오면 짚신 타령

옛날 어느 마을에 두 아들을 둔 어머니가 살고 있었어요.
그런데 이 어머니는 하루도 마음 편할 날이 없었어요.
"아이고, 하늘에 구름 한 점 없으니 걱정이구나."
어머니는 초가집 마루에 앉아 하늘을 보며 한숨을 쉬었어요.
"아니, 무슨 걱정이 있길래 땅이 꺼져라 한숨을 쉬시나요?"
마침 지나가던 스님 한 분이 수심에 잠겨 있는 어머니에게 이유를 물었어요.
"큰아들이 걱정돼서 그러지요."
"아드님이 병이라도 났나요?"
스님이 물었어요.
"아니에요. 큰아들이 시장에서 나막신을 파는데 이렇게 날씨가 좋으니 누가 나막신을 사겠어요?"
"아, 나무를 깎아 만든 나막신은 비가 와야 잘 팔릴 테니 걱정이 되시겠군요."

짚으로 만든 동아줄

스님은 그제서야 어머니의 걱정이 이해가 되었어요.
"맑은 날이 있으면 흐린 날도 있으니 너무 걱정하지 마세요."
스님은 어머니를 위로하고 길을 떠났어요.
며칠 후, 스님은 또 다시 그 집 앞을 지나게 되었어요.

"아니, 웬 비가 하루 종일 쏟아진담."

스님이 아침부터 내리는 비를 원망하며 발걸음을 바삐 옮기는데 초가집 마루에서 근심이 가득한 목소리가 들려 왔어요.

"후유, 장대 같은 비가 이리도 내리니 이 일을 어찌할꼬."

"아니, 오늘은 또 무슨 근심이 그리 깊으신가요?"

"그야 아들 때문이지요."

"아니, 오늘처럼 비가 오면 나막신을 파는 큰아들에게는 좋은 일일 텐데 웬 걱정이세요?"

스님이 기이하게 여겨 묻자 어머니가 고개를 저었어요.

"큰아들이 아니라 작은아들이 걱정돼서 그러지요."

"작은아들이 무슨 말썽이라도 부렸나요?"

"아니요, 그게 아니고요."

어머니는 고개를 길게 빼고 처마 밑으로 뚝뚝 떨어지는 빗방울을 하염없이 바라보며 말을 이었어요.

"저 비를 보세요. 우리 작은아들이 시장에서 짚신과 미투리를 파는데 비가 저리도 많이 내리니 어찌 장사를 하겠어요?"

"아하, 짚신 장수인 작은아들이 걱정되어 그러시는군요."

짚신은 짚을 엮어 만든 신이에요. 짚신을 만들려면 먼저 새끼를 꼬아 신발의 뼈대를 만들고, 그 다음 틀을 이용해 모양을 잡

은 다음 짚을 엮어 나가지요. 이렇게 짚신은 다른 재료는 아무것도 사용하지 않고 오로지 짚으로만 만들었어요.

미투리는 삼이나 모시, 왕골 등으로 만든 신발이에요. 짚신보다는 질기고 모양이 좋아 값이 조금 더 비쌌지요. 하지만 비가 오면 신기 어려운 것은 짚신이나 마찬가지였어요.

특히 짚으로만 만든 짚신은 비가 와서 땅이 질척이면 신에 흙이 달라붙고 물기가 스며들어 걷기에 불편하기 짝이 없었어요. 그러니 사람들이 비가 오면 짚신을 외면하는 건 당연한 일이었지요.

"그렇답니다. 저는 날이 맑으나 궂으나 자식 걱정에 편할 날이 없는 신세랍니다."

어머니가 빗소리보다 더 처량하게 탄식을 했어요.

그러자 스님이 어머니에게 말했어요.

"아니, 그게 왜 걱정할 일입니까?"

"어미로서 걱정이 되지 왜 안 되겠습니까?"

스님이 빙그레 웃으며 말했어요.

"만약 제게 짚신 장사와 나막신 장사를 하는 두 아들이 있다면 오히려 저는 매일매일 즐겁겠습니다."

"아니, 어째서 그렇지요?"

"햇볕이 나면 짚신을 파는 아들의 장사가 잘 될 테니 기쁘고, 비가 오면 나막신을 파는 아들의 장사가 잘 될 테니 즐거운 것이지요."
의아한 듯 올려다보는 어머니에게 스님이 대답했어요.
"가만히 생각해 보니 정말 그렇군요."
잠시 생각에 잠겨 있던 어머니가 고개를 끄덕였어요.
"세상 일이란 게 어떻게 생각하느냐에 따라 기쁠 수도 있고, 슬플 수도 있는 것입니다. 이제부터는 저와 같이 생각하시고 마음을 편하게 가지세요."
스님은 의미 있는 한 마디를 남기고 빗 속으로 걸어갔어요.
그 뒤 어머니는 비가 오는 날이나 해가 뜨는 날이나 즐겁게 살았다고 해요.

짚은 벼나 보리 같은 곡식의 이삭을 떨어 낸 줄기로, 볏짚이라고도 해요. 우리 조상들은 짚으로 많은 물건을 만들었지요.
짚신은 짚을 이용해 만든 대표적인 생활용품이에요. 짚신은 짚으로 가는 새끼를 꼬아 신의 기본 틀이 되는 날을 삼고, 그 사이에 총과 돌기총이라는 올을 넣어 만들지요. 즉, 짚신은 짚을 얽고 매어서 만드는 신이에요.

옛날에는 짚신이 보통 때 신는 신발이었어요.

여자들이 신는 짚신은 총을 가늘고 곱게 하고, 발의 앞부분에 넣은 엄지총은 물을 들인 짚을 써서 멋을 내기도 했지요.

짚신은 보통 때 신는 신발이기는 했지만 쉽게 닳아 수명이 짧았어요. 그래서 농사를 짓지 않는 농한기에는 사랑방에 앉아 짚신을 삼는 것이 일이었지요.

짚은 우리 주변에서 흔하게 접할 수 있어 짚신뿐만 아니라 생활 곳곳에 쓰이는 여러 가지 물건을 만드는 데 요긴하게 쓰였어요.

사람들은 틈만 나면 짚을 꼬아 새끼줄을 만들었어요. 새끼줄은 농사를 짓는 사람들에게는 없어서는 안 될 물건이었지요.

나무단을 묶거나 지붕을 고정시킬 때에도, 물건을 묶어 두거나 공사를 할 때도 새끼줄은 꼭 필요했거든요.

짚을 이용해 만든 물건 중 하나가 가마예요. 가마는 곡식을 담아 두는 자루랍니다.

가마는 먼저 새끼줄로 씨줄을 만들고, 그 사이 사이에 날줄처럼 볏짚을 엇갈리게 끼워 넣어 천을 짜듯 판을 만든 다음, 이것을 다시 가는 새끼줄로 꿰매어 만들어요.

또 짚은 멍석을 만들 때도 이용됐어요. 멍석은 곡식을 널어

말릴 때 바닥에 까는 것으로 짚을 뜨개질하듯이 엮어서 만들었지요.

가방처럼 물건을 담는 도구인 망태기도 짚으로 새끼를 꼬아 그물처럼 엮어서 만들었어요.

아무나 우산을 쓰고 다닐 수 없던 옛날에는 비가 오면 머리에 테가 큰 삿갓이나 기름 먹인 한지로 만든 고깔모자 모양의 갈모를 쓰고 도롱이라는 것을 어깨에 둘렀어요.

도롱이는 짚을 한 방향으로 매어 망토처럼 만든 것인데 지금의 비옷과 같이 몸에 두르면 비가 몸 속으로 스며드는 것을 막아 주었지요.

이 밖에도 볏짚으로 만든 물건들은 수없이 많았어요.

짚을 그릇 모양으로 엮어 곡식이나 물건을 담아 두던 멱둥구미, 댕댕이 바구니, 곡식을 넣고 사방을 짚으로 둘러친 짚가래, 종자를 썩지 않게 통풍이 잘 되도록 보관해 주는 바구니인 씨오쟁이 등등이 짚으로 만든 물건들이에요.

맷돌질을 해도 음식이 밖으로 새어 나가지 않게 가장자리를 말아올린 방석, 물건을 일 때 머리가 아프지 않게 받쳐 주는 따리 역시 짚으로 만든 물건이지요.

  주로 농사를 지으며 살아 왔던 우리 조상들에게 짚은 없어서는 안 되는 땔감이자 건축과 생활용품의 재료였어요. 거기다 짚은 생활 곳곳에 쓰여 '사람은 짚 옆에서 태어나 짚과 함께 살다가 짚의 품에서 죽는다' 는 말이 있을 정도였지요.

  옛날 서민들은 엄마가 아기를 낳을 때가 되면 아기를 낳을 방에 짚을 깔아 주었어요. 이것은 짚이 아기를 낳는 것을 도와 주고, 태어난 아기가 건강하게 자랄 수 있도록 병과 나쁜 기운을 막아 주는 힘이 있다고 믿었기 때문이지요.

돼지 오줌보냐, 지푸라기 공이냐?

짚은 우리 주변에서 흔히 얻을 수 있는 재료였어요. 그래서 생활에 필요한 물품을 만드는 데 요긴하게 쓰였지요. 뿐만 아니라 장난감이 별로 없던 아이들에게도 짚은 여러 가지 선물을 주었어요.

여자 아이들에게는 짚으로 만든 인형이 되어 주기도 했고, 남자 아이들에게는 공놀이의 공이 되어 주기도 했지요. 물론 옛날 최고의 공은 돼지 오줌보였지요. 하지만 돼지를 잡는 일이 흔하지 않았기 때문에 평소에는 새끼줄을 둘둘 말아 짚으로 만든 공이 최고의 놀잇감이었지요.

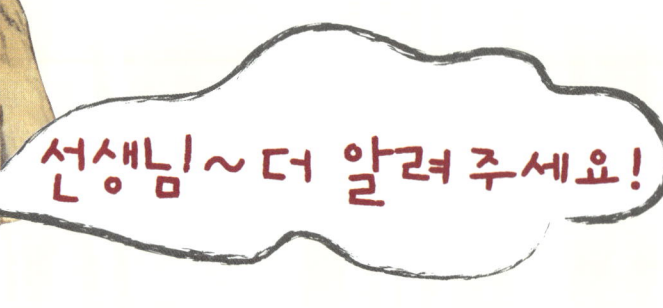
선생님~더 알려 주세요!

짚에서 나서 짚 속에서 죽다

옛날 사람들은 짚이 병균을 막아 준다고 믿었어요. 그래서 마을에 전염병이 돌면 대문 밖에 짚신 한 짝을 걸어 놓았어요.

한편, 사람이 죽었을 때 나무 관을 쓸 수 없는 집에서는 관 대신 짚으로 만든 가마니를 써서 장례를 치르기도 했어요. 이를 초분이라고 하지요.

짚은 곡식의 낟알을 다 털고 난 식물의 줄기예요. 그래서 잘 말려 태우면 땔감이 되기도 하지요. 사람들은 짚으로 불을 피워 밥을 짓고 방을 데웠어요.

또 옛날 사람들이 살던 초가집을 짓는 데에도 짚이 이용되었어요. 초가집은 바가지를 엎어 놓은 것처럼 둥그스름한 형태로, 대부분의 서민들이 살았던 집이지요. 돌과 나무와 짚을 이용해 지은 소박하고 수수한 집이 초가집이었지요.

초가집을 지을 때는 먼저 흙을 평평하게 고른 후 큰 돌을 놓고 그 위에 나무로 기둥과 지붕틀을 세웠어요. 그런 다음 새끼줄과

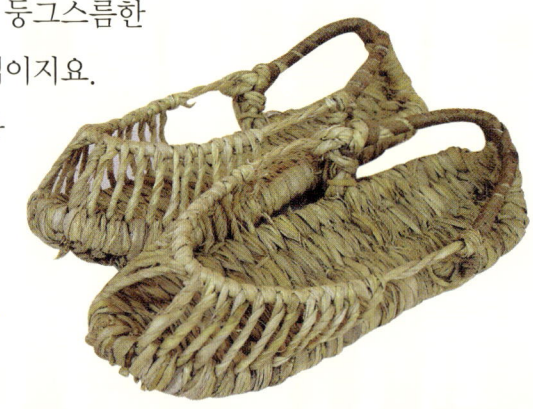

짚을 이용해 만든 대표적인 생활용품 짚신

수숫대, 나뭇가지 등으로 엮은 골격에, 황토흙에 짚을 잘게 썰어 개어 놓은 흙을 발라 벽을 만들었어요. 바닥에는 판판한 돌로 온돌을 놓고, 지붕에는 짚을 엮어 만든 이엉을 얹었지요.

 이렇게 만든 초가집은 여름에는 시원하고 겨울에는 따뜻했어요. 짚과 흙이 습기를 조절해 주어 장마철에도 습기가 차지 않았고, 단열이 잘 되어 추위와 더위도 잘 막아 주었기 때문이에요.

 거기다 집을 짓는 재료들을 주변에서 쉽게 구할 수 있었으므로 형편이 어려워도 집을 지을 수 있었고, 집을 헐어 내야 할 일이 생겨도 주변의 자연을 훼손시키지 않았지요. 세월이 지나면 짚과 나무는 썩어서 거름이 되고, 돌은 다시 자연의 일부가 되었으니까요.

사고력 코너

1. 날씨가 맑은 어느 날, 어머니가 걱정을 하고 있었어요.
   무슨 이유 때문이었나요?
   ① 가뭄이 들어 농사를 망칠까 봐
   ② 나막신을 파는 아들 때문에
   ③ 짚신을 파는 아들 때문에
   ④ 뙤약볕에서 일을 하는 며느리 때문에

2. 어떤 날씨일 때 짚신이 잘 팔릴까요?
   ① 눈 내리는 날
   ② 비 오는 날
   ③ 햇볕이 좋은 날
   ④ 소나기가 내리는 날

3. 빗방울이 떨어지는 것을 보고 어머니가 걱정을 했어요.
   그 이유를 써 보세요.

   ----

4. 신발의 이름과 재료를 알맞게 연결하고, 옛날 보통 서민들이
   신었던 신발이 아닌 것을 찾아보세요.
   ① 나막신 •   • ㉠ 가죽
   ② 갓신   •   • ㉡ 짚
   ③ 짚신   •   • ㉢ 삼, 모시
   ④ 미투리 •   • ㉣ 나무

5. 앞의 이야기와 비슷한 내용으로 널리 알려진 옛이야기는 무엇일까요?
   ① 선녀와 나무꾼
   ② 흥부와 놀부
   ③ 소금 장수 아들과 우산 장수 아들
   ④ 자린고비 이야기

6. 비가 와도 걱정, 날이 개도 걱정인 어머니에게 스님은 근심을 더는 법을 가르쳐 주었어요. 어떤 방법인가요?

과학논술 창의력 코너

1. 우리 조상들은 짚을 이용해 여러 가지 생활 도구를 만들어 썼어요. 그 이유는 무엇일까요?
   ① 주변에서 구하기 쉽고, 다루기가 편리했기 때문에
   ② 질기고 단단해 무엇을 만들어도 튼튼했기 때문에
   ③ 잘 썩지 않아 한번 만들면 오랫동안 쓸 수 있어서
   ④ 열과 습기에 강해 생활 도구를 만들기에 적당해서

2. 다음은 짚으로 만든 생활 도구들이에요. 쓰임새가 다른 것은 무엇일까요?
   ① 멱동구미
   ② 삼태기
   ③ 댕댕이 바구니
   ④ 닭집

3. 짚으로 만든 물건과 쓰임새를 연결해 보세요.
   ① 짚신 • ・ ㉠ 곡식을 말리는 넓은 깔판
   ② 도롱이 • ・ ㉡ 발에 신는 신
   ③ 멍석 • ・ ㉢ 곡식을 담아 두는 저장고
   ④ 짚가래 • ・ ㉣ 비에 젖지 않게 해 주는 비옷

4. 옛날 서민들이 주로 살았던 초가집은 어떤 재료들로 지은 것인가요?

5. 옛날 사람들은 아이를 낳을 산모의 방에 짚을 넣어 주었어요. 그 이유는 무엇일까요?
   ① 아이를 따뜻하게 덮어 주라고
   ② 습기와 벌레가 들어오는 것을 막기 위해
   ③ 냄새가 나는 것을 막기 위해
   ④ 병을 막아 주고, 나쁜 기운을 쫓아 준다고 믿어서

6. 짚신을 만들 때 필요한 것이 아닌 것은 무엇일까요?
   ① 새끼
   ② 틀
   ③ 총과 돌기총
   ④ 이엉

햇빛을 머금고 있는 항아리

03
숨쉬는 그릇

옹기

옹기는 흙으로 모양을 만들고 강한 불에 구워서 만드는 그릇이에요.
숨구멍을 통해 나쁜 물질을 밖으로 내보내 줄 뿐만 아니라 습기를
조절해 주고 공기를 잘 통하게 해 주는 신비한 힘을 가진
우리의 전통 그릇이지요.

장님의 헛꿈 꾸기

옹기 장수가 고개를 넘고 있었어요.

지게에 옹기를 가득 싣고 가자니 다리는 후들후들, 숨은 헐떡헐떡, 허리는 휘청대는 게 여간 힘들지 않았어요.

옹기 장수는 구성진 노래 한자락으로 힘겨움을 달랬어요.

"짜고 맵고 장 담그는 항아리, 달콤새콤 꿀 담는 단지, 시큼하다 촛병, 젓갈 담는 젓동이, 옹기 사려, 옹기 사!"

옹기 장수가 항아리, 단지, 촛병, 젓동이와 같은 옹기를 가득 지고 노래를 부르며 고갯마루를 넘어가고 있을 때였어요.

"여보게, 옹기 장수! 뭐가 바쁘다고 정신없이 고개를 넘나?"

옹기 장수를 부르는 건 고갯마루 풀밭에 벌렁 누워 싱글벙글 웃고 있는 장님이었어요.

"거 참, 앞 못 보는 장님이 세월도 좋네."

더듬더듬 더듬이 걸음으로는 하루가 꼬박 걸릴 텐데도 한가로이 풀밭에 누워 있는 장님을 보자 옹기 장수는 헛웃음이 났어요.

"내가 보는 세상이야 밤이나 낮이나 깜깜한데, 해가 진들 무슨 걱정일까?"

"허허, 듣고 보니 그러네."

옹기 장수가 걸음을 멈추고 옹기를 가득 실은 지게를 지겟대로 받쳐 놓았어요.

"옹기 장수 자네는 하루에 옹기를 몇 개나 파나?"

"그야, 날마다 절기마다 다르지."

"어떻게 다른가?"

장님은 장단이라도 맞추듯 옹기 장수의 말을 받아넘겼어요.

"시집살이 며느리가 장독을 깬 날이나 서방님이랑 마나님이 툭탁툭탁 싸우다 단지를 깬 날은 아침부터 횡재고……."

"옳거니!"

흙으로 만들어 빚은 옹기

"장 담그고 김장하는 절기엔 막걸리 값이 아깝지 않을 만큼 옹기가 많이 팔리지."

"캬아~ 그렇구만!"

장님이 싱글벙글 웃으며 무릎을 탁 치더니 옹기 장수 앞으로 얼굴을 불쑥 들이댔어요.

"그런데 말이야, 장사가 그렇게 잘 되는데 자네는 왜 옹기 장수 신세를 못 면하나?"

"그야, 많이 파는 날이 있으면 못 파는 날도 있으니 그렇지."

옹기 장수가 삐죽 나온 입에 곰방대를 물었어요.

감주를 만들 때 쓰는 옹기

"그런데 눈먼 자네는 뭐가 좋다고 싱글벙글인가?"

장님의 빈정거리는 말투가 거슬려 옹기 장수가 시비조로 물었어요.

"고래등 같은 기와집에서 호강하며 살 생각을 하니 저절로 웃음이 나오네그려."

"뭐라고? 구멍 난 적삼에 찌그러진 갓을 쓴 자네가 고래등 같은 집에서 살게 된다니 지나가던 개가 웃겠구만."

옹기 장수는 기가 막혀 웃음조차 나오지 않았어요.

"자, 이걸 보게."

"그건 동전 아닌가?"

장님이 불쑥 내민 손에는 동전 한 닢이 놓여져 있었어요.

"맞네. 지금은 길에서 주운 동전 한 닢이지. 하지만 머지않아 이 동전은 기와집이 되어 돌아올 걸세."

장님은 우연히 길에서 주운 동전 한 닢을 금덩이라도 되는 양 소중히 쥐고는 묻지도 않은 자기 계획을 털어놓았어요.

"난 이 돈으로 계란 한 알을 사서 앞집 닭장에 넣어 둘 걸세."

"닭장엔 왜?"

"지금 옆집 암탉이 알을 품고 있거든."

장님은 신이 나서 말을 이었어요.

"알은 곧 있으면 암탉이 될 거야. 이 암탉이 뒷집 장닭과 어울려 알을 낳고, 그 알을 모아 병아리를 깨면 수십 마리 닭이 되겠지."

"그렇지. 알을 품으면 닭이 되는 건 당연한 이치니까."

"나는 수십 마리 닭을 장에 내다 팔아 암퇘지를 살 거네. 이 암퇘지가 새끼를 낳고, 또 낳으면 모두 팔아서 다음엔 암송아지를 사야지."

장님은 옆에 놓아두었던 지팡이를 들고 암송아지를 쓰다듬는 흉내를 내며 즐거워했어요.

"암송아지가 자라 새끼를 낳으면 그것도 잘 기른 다음 내다 팔아 논을 마련해야지. 그러면 살림이 자꾸 늘어나 나는 부자가 될 거고, 그 땐 고래등 같은 기와집을 지어야지."

"허허, 자넨 좋겠네. 부자가 되어 장가도 갈 테니 말이야."

"물론이지. 어여쁜 마누라도 얻어야지."

"그런데 말이야. 그 마누라가 자네 몰래 재산을 빼돌리면 어쩔 텐가?"

"에잇, 가만 둘 수 있나! 이 지팡이로 다리 몽둥이를 확……!"

있지도 않은 재산을 빼돌린다는 말에 흥분한 장님이 지팡이를 휙 하니 휘둘렀어요.

그런데 공교롭게도 지팡이는 지게를 받치고 있던 지겟대를 툭 쳤고, 지게는 힘없이 쓰러졌어요.

와장창창 쨍그랑!

지게가 쓰러지면서 항아리들도 박살이 났지요.

순식간에 옹기를 모두 잃은 옹기 장수가 황당한 얼굴로 장님에게 말했어요.

"자네 꿈이 참으로 야무지네그려. 하지만 그건 모두 헛꿈이니 이제부터는 내 옹기값을 갚을 궁리나 하게."

햇살이 좋은 날, 옛집 뒤란에 나가 보면 장독대엔 옹기가 옹기종기 모여 있었어요. 옹기에는 간장, 된장 고추장이 햇살을 머금은 채 맛있게 익어가고 있었지요.

우리네 할머니, 어머니들은 이 장독대의 옹기, 즉 아래 위가 좁고 중간 부분은 불룩한 항아리를 정성스레 닦아 주었지요.

부엌으로 들어가 보면 뜨거운 국이나 찌개를 담는 뚝배기가 있었고, 식초를 만들 때 쓰는 촛병도 있었어요.

한편, 혹시 엄마가 숨겨 놓았을지도 모르는 꿀을 담는 단지는

코흘리개 개구쟁이 아이들을 부엌에 얼씬거리게 하는 반면, 날마다 가득가득 채워야 하는 물항아리는 놀기 좋아하는 아이들이 가장 미워하는 옹기 중 하나였지요.

이렇게 옹기는 생활 곳곳에서 요긴하게 쓰이던 그릇이에요. 그릇도 보통 그릇이 아니라 숨을 쉬는 생명체와 같은 그릇이지요. 김치나 간장, 된장을 플라스틱이나 스테인리스 용기에 담아 두면 맛있게 익지 않아요. 오히려 썩어 버리는 경우도 있지요. 그 까닭은 플라스틱이나 스테인리스 그릇은 공기가 통하지 않기 때문이에요.

김치나 간장, 된장은 눈에 보이지 않는 이로운 미생물이 번식하면서 발효라고 하는 과정을 거쳐야 제 맛이 나지요. 그런데 공기가 통하지 않는 용기에서는 이 이로운 미생물들이 번식을 할 수가 없어 음식이 상하는 거예요.

하지만 옹기는 달라요. 옹기는 흙으로 모양을 만들고 강한 불에 구워서 만들어요.

그런데 흙 속에는 작은 모래 알갱이들이 많이 섞여 있지요. 이 모래 알갱이들과 흙은 불에 구워지면서 우리 눈에는 잘 띄지 않지만 작은 틈을 만들게 돼요.

옹기가 완성되고 나면 무수히 많은 이 작은 틈의 안과 밖으로 공기가 통하게 되는 거지요.

햇볕이 뜨거운 날, 음식을 담아 둔 옹기의 겉을 자세히 살펴보세요. 아마 소금기가 하얗게 서리거나 끈끈한 물질이 묻어 있는 것을 볼 수 있을 거예요.

이것은 바로 옹기에 난 숨구멍을 통해 안에 있는 물질이 밖으로 나왔기 때문이에요. 우리네 할머니 어머니가 옹기를 자주 닦아 주던 것도 이런 이유에서예요. 옹기의 숨구멍에 하얗게 낀 물질을 없애 주면 옹기가 숨을 잘 쉴 수 있기 때문이지요.

옹기는 이렇게 숨구멍을 통해 나쁜 물질을 밖으로 내보내 주는 것뿐만 아니라 습기를 조절해 주고 공기를 잘 통하게 해 주는 신비한 힘을 가진 우리의 전통 그릇이지요.

장맛보다 뚝배기

'뚝배기보다 장맛'이라는 말이 있어요. 하지만 아무리 맛이 좋은 장이라도 뚝배기에 끓여 내는 것만큼 고유의 맛을 내기는 어려워요. 지금 많이 쓰이는 스테인리스 그릇에서 끓인 찌개보다는 뚝배기에 끓인 찌개가 훨씬 맛있거든요. 이것은 뚝배기에 장을 끓이면 천천히 은근하게 끓여서 맛도 좋고, 먹을 때에도 쉽게 식지 않으므로 음식맛을 오랫동안 잡아 두기 때문이지요. 그러니까 이제는 말이 바뀌어야 해요. '장맛보다는 뚝배기'라고 말이에요.

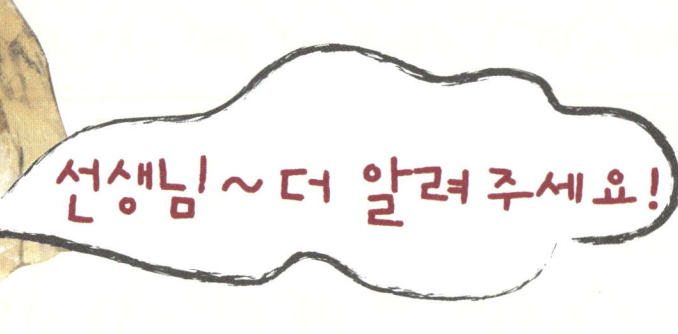

옹기의 유래와 만들기

옹기는 원시 시대 토기로부터 발전된 그릇이에요.

토기는 진흙을 빚어 그릇 모양을 만든 다음 말려서 사용했지요. 그런데 보통 진흙을 말려서 쓰다 보니 토기는 단단하지 못했어요. 그래서 물에 오래 닿거나 작은 충격만 받아도 쉽게 깨어졌지요.

토기의 이런 단점은 찰흙으로 빚은 그릇을 불에 굽는 것으로 해결할 수 있었어요. 흙으로 그릇을 만들고 이것을 불에 구우면 토기보다는 훨씬 단단해졌거든요.

이렇게 찰흙으로 빚은 다음 불에 구워서 만든 그릇을 질그릇이라고 해요. 질그릇은 흙이 그대로 구워졌기 때문에 겉면이 거칠어요. 겉면이 거칠면 그릇이 투박해 보이고 물건이나 음식을 담은 뒤에 찌꺼기가 잘 닦이지 않지요.

이런 질그릇을 조금 더 개선해서 나온 것이 오지그릇이에요.

오지그릇은 흙으로 빚은 그릇을 구울 때 겉에 잿물을 입혀요. 그렇게 하면 겉면이 매끈하고 반짝반짝 빛이 나게 돼요.

이런 질그릇과 오지그릇을 통틀어 옹기라고 하지요.

신라 시대 초부터 만들어 사용한 질그릇은 지금까지도 그대로 전해 오고 있어요.

옹기를 만드는 방법은 먼저 질 좋은 진흙을 골라 쌓아 놓고 오랫동안 비바람을 맞게 해요. 그런 다음 물에 개고 불순물을 걸러 낸 뒤 양쪽에 손잡이가 있는 깨끼낫으로 조금씩 깎아 내며 다시 한번 불순물을 걸러 내고, 공기를 빼내 흙을 찰지게 하지요. 이어 뭉쳐 놓은 흙을 발로 밟아 이기고, 꽃매라는 도구로 치고 다져서 큰 덩어리를 만들어요.

흙이 준비되면 다음은 적당한 크기로 떼어 내어 그릇의 모양을 만들지요. 이 때 흙덩이를 계속해서 두드리는데 이것은 조직을 치밀하게 하기 위해서예요. 그릇의 모양이 다 만들어지면 바람이 잘 통하는 그늘에 말려요. 햇빛에 말리면 그릇이 깨어지고 말지요.

그릇이 다 마르면 잿물통에 넣고 돌려서 잿물을 입히고 손가락 끝으로 그림을 그려 넣어요. 이 잿물은 자연에서 얻은 재료를 그대로 쓰는 것이므로 우리 몸에 해를 주지 않아요.

잿물을 입힌 그릇을 가마에 차곡차곡 넣은 뒤, 이틀(약 45시간) 정도 불을 때고, 일주일 뒤에 꺼내면 숨쉬는 천연 그릇 옹기가 만들어지지요.

사고력 코너

1. 옹기 장수는 지게 가득 옹기를 지고 산을 넘고 있었어요. 옹기 장수의 지게에 실려 있지 않은 것은 무엇일까요?
   ① 항아리
   ② 촛병
   ③ 기와
   ④ 단지

2. 옹기는 무엇으로 만든 물건일까요?
   ① 흙
   ② 쇠
   ③ 나무
   ④ 천

3. 옹기 장수가 부르는 노래로 보아 옹기는 주로 어떤 곳에 사용되었을까요?

   ----

4. 장님은 왜 즐거워하고 있었나요?
   ① 엽전 한 닢을 주워서
   ② 엽전 한 닢으로 재산을 부풀릴 생각으로
   ③ 옹기 장수가 반가워서
   ④ 힘든 고갯길을 다 올라와서

5. 동전 한 닢을 주운 장님이 속으로 세운 계획을 순서대로 써 보세요.

6. 장님의 행동에서 얻을 수 있는 교훈을 가장 잘 설명한 것을 찾아보세요.
   ① 무엇이든 차근차근 해 나가면 이루지 못할 것이 없다.
   ② 한번 맺은 친구와의 우정은 끝까지 지켜야 한다.
   ③ 낭비가 심하면 아무리 부자라도 망하게 된다.
   ④ 허황된 꿈은 언젠가는 깨지고 만다.

창의력 코너

1. 옹기는 어디에서부터 발달되어 왔나요?
    ① 목기
    ② 칠기
    ③ 유기
    ④ 토기

2. 옹기를 만들 때 그릇을 불에 굽는 이유는 무엇일까요? 알맞은 내용을 모두 고르세요.
    ① 단단해지게 하기 위해서
    ② 물이 새지 않게 하기 위해서
    ③ 윤기를 내기 위해서
    ④ 가볍게 하기 위해서

3. 옹기에 잿물을 바르는 이유는 무엇일까요?
    ① 윤기가 나게 하기 위해서
    ② 모양이 변하지 않게 하기 위해서
    ③ 깨지지 않게 하기 위해서
    ④ 소리를 맑게 하기 위해서

4. 질그릇과 오지그릇의 차이는 무엇일까요?

5. 다음 옹기들의 이름을 적어 보세요.

6. 옹기의 장점에 대해 아는 대로 써 보세요.

옻칠을 한 나전 서류함

04

자연을 닮은 빛

옻칠

옻나무에서 나오는 진액에 몇 가지 성분을 섞어
만든 것을 그릇이나 가구에 바르는 일을 옻칠이라고 해요.
나무에 옻칠을 하면 오래 두어도 썩지 않고,
나무가 갈라 터지는 것을 막아 주며, 물이 스며들거나
벌레들이 나무를 갉아먹는 것도 막아 주지요.

흥부야, 화초장이 무엇인고?

"뭐라고? 흥부놈이 하루 아침에 부자가 되었다고?"

끼니도 잇기 어려울 만큼 가난했던 흥부가 부자가 되어 대궐 같은 기와집에 산다는 소식을 들은 놀부가 호들갑을 떨었어요.

"그렇다니까요?"

"세상이 홀라당 뒤집힐 일이로군. 내 궁금해 참을 수가 없으니 당장 가서 알아봐야겠소."

놀부가 엉덩이를 들썩들썩 조바심을 내더니 끝내 자리를 박차고 일어났어요.

"아이구 영감, 올 때는 그냥 오지 말고 뭐래도 집어 오시오. 값 나가는 걸로 말이에요."

"아무렴, 당연하지. 내가 누구요, 흥부 잘 되는 꼴은 절대 못 보는 놀부 아니오!"

붉으락푸르락해져서 팔자걸음으로 냅다 달려간 놀부는 급한 성격을 어쩌지 못하고 흥부네 집 솟을대문을 박차고 들어가 소리쳤어요.

"이리 오너라. 흥부 네 이놈, 이리 오너라!"

"아이고, 형님 오셨습니까? 어서 방으로 드시지요."

죄진 것도 없는데 흥부는 허리를 굽신거리며 놀부를 얼른 방으로 안내했어요.

"대체 무슨 술수를 부려 갑자기 부자가 됐는지 털어놓거라!"
방에 들어간 놀부는 다짜고짜 흥부를 다그쳤어요.
"술수라니요. 그저 부러진 제비다리를 고쳐 줬을 뿐이오."
"뭐라? 어떤 제비 놈이 네게 이 많은 돈을 줬단 말이냐?"
"제비가 준 것이 아니라 작년 봄에 다리가 부러진 제비를 고쳐 준 적이 있는데, 글쎄 올 봄에 그 제비가 박씨 하나를 물고 오지 않았겠어요? 그래 박씨를 초가집 담 밑에 심었더니 보름달 같은 박이 열리고, 그 속에서 온갖 보물이 나와 이렇게 부자가 되었답니다."
"예끼, 도깨비 장난도 아니고 그 말을 누가 믿을 성싶으냐?"
말은 이렇게 하면서도 놀부는 벌써 제비 다리를 부러뜨릴 생각을 하고 있었어요.
"어쨌든 네가 부자가 되었으니 형인 내게도 뭔가 있어야 할 게 아니냐?"
그래도 형이랍시고 놀부가 힐끔힐끔 곁눈으로 흥부의 모양새를 살피며 거드름을 피웠어요.
"그야 물론이지요. 금은 보화를 꾸려 놓았으니 하인을 시켜 보내 드리지요."
더 이상 트집 잡을 게 없어진 놀부가 휘휘 방을 둘러

보는데 마침 장롱이 눈에 들어왔어요. 검고 윤기 나는 옻칠에 화려하게 자개로 무늬를 놓은 장롱을 보자 놀부는 욕심이 났어요.

"저것 참 마음에 드는구나. 내가 지고 가야겠다."

놀부가 벌떡 일어나 장롱을 들쳐 메고 성큼성큼 방을 나서려 하자 흥부가 말리고 나섰어요.

"아이고 형님, 이걸 손수 지고 가시다니요. 제가 사람을 시켜 보내 드리겠습니다."

"시끄럽다, 이놈. 내가 너를 어찌 믿느냐? 딴소리 말고, 이걸 뭐라고 부르는지 이름이나 말하거라."

놀부 고집이야 황소도 못 꺾는다는 걸 아는 흥부인지라 그 장롱 이름을 가르쳐 주는 걸로 배웅을 대신해야 했어요.

"화초장이라고 합니다."

"화초장. 거 이름도 예쁘구나. 화초장, 화초장이란 말이지."

흥부네 집을 나온 놀부는 무거운 화초장을 지고도 흥이 올라 절로 노래가 나왔어요.

"화초장, 화초장, 화초장. 화초장 하나를 얻었다, 얻었네, 얻었구나. 화초장 하나를 얻었다. 얼씨구나, 화초장."

한참 노래를 부르며 가는데 앞에 도랑이 나왔어요. 놀부는 잠시 노래를 멈추고 펄쩍 뛰어 도랑을 건 넌 뒤 다시 노래를 부르려는데 등에 진 것의 이름이 떠오르질 않았어요.

방금 전까지 흥얼거렸던 '장' 자가 들어가는 그것의 이름이 말이에요.

"초장화? 화장초? 장초화였나? 아이고, 모르겠다."

아무리 생각을 해 봐도 이름을 알 수 없으니 놀부의 가슴은 터질 것만 같았어요.

알록달록 예쁜 자개장

그래서 '장' 자가 들어가는 것을 모두 끌어다 붙여 보았어요.

"에라, '장' 자를 모두 다 들먹거려 보자. 조장, 간장, 된장, 땟장, 송장, 고치장, 토장, 개장, 웃장, 천장. 아이고 모르겠네."

답답한 마음에 무거운 장롱을 지고도 줄달음질해 제 집 마당에 들어섰지만 강아지 한 마리 반기질 않자 놀부는 더욱 더 화가 났어요.

"아니, 집안 어른이 어디 갔다가 들어오면 얼른 쫓아나와 맞아야지, 무슨 마누라가 코빼기도 안 비치는 거요?"

천둥 같은 놀부의 고함 소리를 듣고서야 놀부 마누라가 입가에 침을 훔치며 나와 새새거리며 아양을 떨었어요.

"아이고, 영감 오신 줄 내 몰랐소. 화 풀고 요리 오시오."
"내가 이리 오라면 오고, 저리 가라면 가는 사람이오? 잔말 말고 내가 지고 있는 것의 이름이나 말해 보시오."
아직까지도 장롱의 이름을 몰라 애가 타는 놀부가 다짜고짜 물었어요.
"아따, 무겁소. 내려놓으시오."
놀부 마누라가 생각해 준답시고 먼저 장롱을 내려놓게 하는데 놀부는 화부터 냈어요.
"당신이 이것의 이름을 모른다면 그냥 뒤집어 놓고 팍 밟아서 부술 거요. 그러니 당장 알아내시오!"
놀부의 생트집에 놀부 마누라가 토라져 오히려 되물었어요.
"아따, 그럼 당신은 이것의 이름이 뭔지 아시오?"
"나야 알지만……. 에이, 내가 먼저 물었잖소. 당장 이 장의 이름을 말하지 못하겠소?"
장롱의 이름이 떠오르지 않아 속이 시커멓게 타들어 가는 놀부가 마누라를 윽박질렀어요.
그러자 놀부 마누라가 기어들어가는 소리로 대답했어요.
"그 전에 우리 어머니가 서울서 시집올 때 말이오. 그것을 화초장이라고 합디다."

화초장이라는 말에 탁 막혔던 가슴이 툭 터진 놀부가 마누라를 두고 한 마디 했어요.

"맞다, 화초장이 맞아! 허허, 이럴 때는 마누라가 꼭 우리 어메 같으네!"

화초장은 화초가 그려진 옛날 가구예요. 지금의 장롱처럼 크지는 않지만 옛사람들이 옷이나 침구를 보관하는 데 주로 썼지요. 색이 예쁘고 무늬가 화려한 옛 가구들 속에는 지금도 여러 사람들이 감탄할 만큼 놀라운 기술이 숨겨져 있어요.

특히, 화초장과 같이 품위와 고급스러움을 갖추고 있는 가구인 나전칠기는 과학에 정교한 솜씨까지 더해져 지금까지도 많은 사랑을 받고 있지요.

나전칠기는 나무로 가구를 만들고 겉면에 무늬를 낼 홈을 판 다음 그 사이에 빛깔이 고운 소라, 전복, 조개 등의 껍데기를 잘라 끼워 넣고 그 위에 옻칠을 한 거예요.

이런 옛 가구들이 수백 년이 지나도 변함 없는 모습으로 전해 내려올 수 있었던 것은 바로 가구의 겉에 옻칠을 했기 때문이지요.

옻칠은 옻나무에서 나오는 진액에 몇 가지 성분을 섞어 만든

것을 그릇이나 가구에 바르는 일을 말해요. 옻나무는 우리나라에서 흔하게 자라기 때문에 옻을 쉽게 얻을 수 있었지요.

옻나무의 진액을 이용해 칠을 하기 시작한 것은 선사 시대부터였을 것으로 추정하고 있어요. 그만큼 오래된 것이지요.

옻칠은 가구, 나무 그릇, 제사 용품과 같은 생활 도구에서부터 무기 종류, 농기구 등에 다양하게 쓰여 왔어요.

나무에 옻칠을 하면 오래 두어도 썩지 않고, 나무가 갈라 터지는 것을 막아 주며 물이 스며들거나 벌레들이 나무를 갉아먹는 것도 막아 주기 때문이지요.

이렇게 다양한 효과를 내는 옻칠은 우리 조상들의 지혜를 보여 주는 것 중 하나라고 할 수 있어요.

올림픽 메달에도 쓰인 옻칠

옻칠을 하면 물건이 미라보다 오래 남는다고 해요. 그래서 1998년 나가노 동계 올림픽에서 사용된 메달에는 옻칠을 했지요. 메달에 옻칠을 하고 유약을 바른 다음 금·은·동으로 겉을 씌운 거예요. 이렇게 옻칠을 한 메달은 썩지 않고 반영구적으로 보관할 수 있었어요.

그런데 한 가지 아쉬운 점은 우리나라의 발달된 칠 기술이 일본에 밀려 세계 속에서는 별로 인정을 받지 못하고 있다는 거예요. 고려청자와 더불어 고급 기술로 계승되어 온 우리의 전통 칠 기술이 제대로 평가받을 수 있으려면 앞으로 더 많은 노력이 필요하지요.

선생님~더 알려 주세요!

옻칠의 신비

옻칠에는 옻나무에서 나오는 진액을 그대로 바르는 생칠과 진액에 다른 물질을 넣어 검은 빛을 내는 흑칠, 그리고 붉은색을 내도록 하는 주칠이 있어요.

생칠은 별다른 물질을 섞지 않고 옻나무의 진액을 그대로 활용하는 것이므로 많이 사용하는 생활도구, 농기구, 무기 등에 사용했어요.

우리가 잘 아는 팔만대장경은 700년이 넘는 세월 동안 썩지 않고 그대로 전해져 내려오고 있어요. 팔만대장경이 이렇게 오래도록 전해질 수 있었던 데에는 팔만대장경을 보관하는 해인사의 장경각이 공기가 잘 통하고 습기를 막을 수 있도록 과학적으로 지어진 이유도 있지만 경판의 겉부분에 옻칠을 한 것도 큰 도움이 되었다고 해요. 팔만대장경에는 생칠이 쓰였지요.

그리고 고급 가구에 속하는 나전칠기에는 흑칠이, 밥상과 같은 생활용품에는 주칠이 많이 사용되었어요.

조선 시대에는 주칠을 한 물건을 아무나 쓸 수 있는 것이 아니었어요. '주칠을 한 물건은 궁궐에서만 사용하는 것이므로 관청이나 보통 집에서는 쓰지 못하도록 단속하라'는 내용의 기록이 〈조선왕조실록〉에 실려 있는 것만 봐도 그것을 알 수 있지요.

또 이 당시에는 옻칠을 중요하게 여겨 보통 때에도 공조에 옻칠을 전문으로 하는 장인을 열 명이나 두었다고 해요.

옻나무는 옻칠을 하는 데뿐만 아니라 약으로도 쓰였어요.

〈동의보감〉에 보면 '옻나무는 몸을 따뜻하게 해 주고, 몸에 힘을 보태 주는 등의 효과가 있다'는 내용이 실려 있지요.

우리 조상들은 봄에 나오는 옻나무의 어린 싹은 뜨거운 물에 데쳐서 나물로 먹었어요. 이를 '칠순채'라고 했지요. 칠순채는 위장에 좋고, 피가 뭉쳐 있는 것을 풀어 주며, 몸 속에 있는 기생충을 없애 준다고 해서 비싼 약을 살 수 없는 백성들이 약으로 사용했어요.

또 옻나무의 껍질을 벗겨 말린 것을 닭을 삶을 때 넣어 보양 식품으로 먹기도 했지요.

하지만 옻나무에는 독이 있어 체질이 맞지 않는 사람에게는 알레르기 반응을 일으킨다고 해요. 이것을 흔히 '옻이 올랐다'고 하는데, 잘못 만지면 피부가 가렵고 붉은 것이 돋아나므로 옻나무를 만질 때는 조심해야 하지요.

과학논술 사고력 코너

1. 놀부가 흥부네 집에 간 이유는 무엇인가요?
    ① 생일 잔치에 초대를 받아서
    ② 흥부가 갑자기 부자가 되었다는 소식을 듣고서
    ③ 빌려준 돈을 받으러
    ④ 가난하게 살고 있는 흥부를 돕기 위해서

2. 이야기 속에서 흥부는 어떻게 부자가 되었나요?

   ----

3. 놀부가 흥부네 집에서 가지고 온 물건은 검은 옷칠에 자개로 꽃무늬를 새겨 넣은 장롱이에요. 이 물건을 무엇이라고 하나요?
    ① 고리짝   ② 화초장
    ③ 화장대   ④ 뒤주

4. 이 이야기는 흥부와 놀부의 이야기를 노래로 엮은 우리 고유의 음악에서 나오는 대목이에요. 이 이야기가 나오는 우리나라 고유의 음악(노래)을 무엇이라고 하나요?
    ① 정가
    ② 고려가요
    ③ 비나리
    ④ 판소리

5. 놀부는 흥부네 집에서 마음에 드는 물건을 직접 들고 나왔어요. 이것으로 알 수 있는 놀부의 성격으로 적당하지 않은 것은 무엇일까요?
   ① 욕심이 많다.
   ② 의심이 많다.
   ③ 책임감이 강하다.
   ④ 성격이 급하다.

6. 집에 돌아온 놀부는 무척이나 화가 나 있었어요. 그 까닭은 무엇인가요?

1. 옻칠을 이용한 가구나 도구가 아닌 것은 무엇인가요?
   ① 나전칠기 옷장
   ② 제기
   ③ 밥상
   ④ 벽지

2. 옻칠의 우수성을 증명해 주는 우리의 문화재는 어느 것일까요?
   ① 팔만대장경
   ② 고려청자
   ③ 석굴암
   ④ 다보탑

3. 옻칠의 원료가 되는 옻나무가 약으로 쓰인 예를 아는 대로 써 보세요.

4. 옻칠의 장점을 모두 찾아보세요.
   ① 가구에 옻칠을 하면 벌레가 먹지 않는다.
   ② 아름다운 색깔을 낼 수 있다.
   ③ 썩지 않아 오랫동안 사용할 수 있다.
   ④ 나무가 단단해진다.

5. 여러 가지 옻칠의 이름과 설명을 알맞게 연결하세요.
   ① 생칠 •   • ㉠ 옻의 진액에 다른 색을 넣어 검은 빛이
                     나도록 한 것
   ② 주칠 •   • ㉡ 옻의 진액을 그대로 사용하는 것
   ③ 흑칠 •   • ㉢ 옻의 진액에 다른 색을 넣어 붉은 빛이
                     나도록 한 것

6. 옻칠은 우리 생활에 매우 유용하게 사용되어 왔어요.
   그 중 아래 사진의 가구 이름과 옻칠이 어떻게 사용되었는지
   써 보세요.

짚으로 엮어 매단 메주

05
발효된 건강 식품

장

메주는 장을 담그는 데 가장 기본이 되는 재료예요.
된장, 간장은 물론 고추장을 담그는 데 메주가 쓰이지요.
메주는 백태라는 콩으로 만들어요. 백태는 누른빛이 나는 것으로
콩 중에서도 설사를 일으키지 않는 유일한 콩이라고 해요.

메주 도사

옛날에는 가을이 되면 메주를 쑤어 방에 걸어 두었어요.

어느 날, 천장에 매단 메주가 싸아하게 익어가는 주막집의 작은 방에 양반들이 묵게 되었어요.

"크으, 메주 냄새가 정말 지독하군!"

"이런 방에서 묵어야 하다니 양반 체면이 말이 아니군."

비단옷으로 한껏 멋을 부린 양반들은 메주가 주렁주렁 매달린 누추한 방이 마음에 들지 않는지 떨떠름한 표정을 감추지 못했어요.

하지만 깊은 밤에 길을 갈 수도 없는 노릇이었어요. 물론 한데 잠을 잘 수도 없었고요.

양반들은 어쩔 수 없이 허름한 주막집 방에 자리를 잡았어요.

그 때였어요.

"에헴, 양반님네들 이 몸도 하룻밤 이 방에서 묵고 갑시다."

방문이 열리더니 한 노인이 머리부터 밀고 들어왔어요. 노인의 차림새는 허름하기 짝이 없었어요. 갓은 찌그러졌고, 옷에는 땟국이 줄줄 흘렀어요.

거기다 구멍이 뚫린 버선발에서는 어찌나 심한 냄새가 나는지 눈이 매울 지경이었어요.

"커억, 냄새 한번 고약타!"

"그러게 말이오. 어느 놈이 잘 띄운 메주를 발에 매달고 다니나 보오."

양반들은 노인을 힐끔힐끔 곁눈질하며 말했어요.

그러나 노인은 양반들의 불편한 마음을 아는지 모르는지 바닥에 벌렁 드러누웠어요. 그런 노인이 꼴 보기 싫은 양반들은 한마음이 되어 노인을 방에서 내쫓기로 했어요.

"자, 선비님들 방도 좁으니 내기를 해서 지는 사람이 밖에서 자기로 합시다."

"좋습니다. 어떤 내기를 할까요?"

"자기 앞에 목침이 놓이게 되면 시를 짓는 걸로 하지요. 시를 못 짓는 사람이 나가서 자는 거요."

양반들은 헛기침을 해 가며 일부러 노인을 끌어들였어요.

"자, 노인도 어서 오시지요."

양반 몇이 유창하게 시를 짓고, 이윽고 노인 앞에 목침이 놓여졌어요.

"노인 양반 차례이니 어서 하시지요."

그러자 노인이 봇짐에서 붓과 종이를 꺼내 놓았어요.

"이 몸은 시를 지을 줄 모르니 대신 그림으로 하지요."

양반들은 거지 같은 노인이 그림을 그리면 얼마나 잘 그릴까 싶어 흔쾌히 허락을 했어요.

그런데 노인의 그림 솜씨는 보통이 아니었어요.

붓이 한번 오르면 구름과 산이 생기고, 다시 내리면 바다와 파도가 나타났어요. 놀란 양반들이 입을 쩍 벌리고 있는데 노인이 바다 한가운데 스윽 배를 그렸어요. 순간 눈앞이 환해지더니 양반들이 모두 배에 타고 있는 것이었어요.

"어엇, 이게 무슨 일이야? 우리가 왜 배를 타고 있는 거지?"

"뭐든 꼭 잡고 있어요. 곧 섬에 도착할 거요."

양반들을 실은 배는 곧 섬에 닿았어요.

섬에 오르자 노인이 말했어요.

"저 섬에는 복숭아가 있는데 어떤 것은 아주 먹음직스러울 거요. 하지만 그 복숭아를 따먹으면 나이는 절반으로 젊어지지만 살 길이 없으니 따먹으면 안 되오. 대신 못생긴 복숭아를 따먹으시오. 그러면 나이가 두 배로 늙어져도 살 길이 생길지도 모르니 말이오."

양반들이 두리번두리번 섬을 살피며 가는데 복숭아나무가 보였어요. 복숭아나무에는 노인이 말한 복숭아들이 주렁주렁 열려 있었어요.

그런데 양반들은 노인의 말을 무시하고 크고 먹음직스러운 복숭아를 따먹었어요. 작고 쭈글쭈글한 복숭아는 거들떠보지도 않고 말이에요.

"어허, 그 복숭아는 먹지 말라고 했건만 왜 내 말을 듣지 않은 것이오?"

뒤따라온 노인이 소리쳤어요.

"돌아갈 테니 어서 배를 타시오!"

하지만 양반들은 노인의 말을 듣는 둥 마는 둥 젊어진다는 복숭아를 조금이라도 더 먹으려고 정신이 없었어요. 체면도 다 팽개치고 복숭아를 품 속에 숨기고, 도포자락에 따 넣고, 입에 쑤셔 넣었어요.

"자, 돌아갑시다."

다들 양껏 복숭아를 먹고 딴 양반들이 배에 올랐어요. 이어 배를 타고 바다를 건너는데 별안간 풍랑이 일었어요. 배가 기우뚱 금방이라도 물 속에 잠길 것 같은 지경에 이르자 양반들이 살려 달라고 애원을 했어요. 그러자 노인이 호통을 쳤어요.

"그러게 먹지 말라는 복숭아는 왜 먹은 게야? 속은 못 보고

겉모습에만 눈이 팔린 이 한심한 양반들아!"
"아이고, 우리가 잘못했으니 한번만 살려 주시오!"

양반들은 노인의 발에 매달려 울고불고 야단법석을 떨었어요. 그러나 노인은 들은 체 만 체 고개를 홱 돌리더니 펑 하는 소리와 함께 사라졌어요.

"여보시오, 양반님네들. 이게 무슨 해괴한 짓들이시오!"

누군가 깨우는 소리에 정신을 차리고 보니, 양반들 꼴이 눈뜨고는 못 볼 지경이었어요.

천장에 매달린 메주를 뜯어 먹고, 떼어 먹고, 으깨 먹는가 하면, 입 속에, 품 속에, 봇짐 속에 부서진 메주덩이를 숨기고 있었으니 미친 게 아니라면 설명할 길이 없었지요.

쥐구멍에라도 들어가고 싶은 양반들이 서로 눈도 못 마주치고 방을 나섰어요. 그러면서도 곁눈으로는 이상한 노인을 찾았어요. 물론 노인은 온데간데 없이 사라졌지요. 노인이 바로 메주 도사였으니까요.

메주는 장을 담그는 데 가장 기본이 되는 재료예요. 된장, 간장은 물론 고추장을 담그는 데 메주가 쓰이지요.

메주는 백태라는 콩으로 만들어요. 백태는 누른빛이 나는 것으로 콩 중에서도 설사를 일으키지 않는 유일한 콩이라고 해요.

이 백태를 물에 넣고 삶으면 먹기 좋게 익지요. 본래 날콩은 맛이 비리고 몸에 들어가면 설사를 일으켜요. 그리고 볶은 콩은 고소하기는 해도 끼니를 대신할 만큼 많이 먹기가 힘들지요. 그래서 동양에서뿐 아니라 서양에서도 콩은 삶아 먹는 것이 보통이에요.

메주도 삶은 콩을 짓이겨서 만들어요. 백태를 물에 넣고 삶으면 쉽게 으깨지지요. 이 삶은 콩을 절구에 넣고 어지간히 방아를 찧으면 중간중간 콩 모습이 남아 있는 상태가 돼요.

이것을 알맞은 크기로 뭉쳐서 평평한 바닥에 놓고 모양을 만들지요. 모양은 보통 벽돌과 비슷한 직육면체로 만드는데 지방에 따라서는 둥글게 하기도 해요. 어쨌든 이 때 메주의 기본 모양이 만들어지지요.

다음은 움직여도 메주의 모양이 흐트러지지 않을 정도로 볕에 말려 짚으로 엮고, 처마 밑이나 선반에 매달아 볕과 바람에

쒸어 잘 말리지요. 잘 띄운 메주에는 곰팡이가 하얗게 피는데 이것은 메주에 메주곰팡이(황곡균)가 잘 자랐다는 증거지요.

메주라는 이름은 '미리'라는 고구려 말에서 왔어요. 음양의 이치로 세상을 보았던 옛 조상들은 메주를 음과 양이 합쳐져서 세 번째로 만들어진 것으로 보았어요.

여기서 세 번째의 의미인 '3'을 고구려 사람들은 '미리'라고 했지요. 미리는 이어 '메르' 혹은 '뫼'로 음이 변했고, 얼마 뒤에는 '뫼주'로 불리다가 지금처럼 메주로 불리게 된 거예요.

메주는 꼭 짚으로 매달아라!

처마 밑에 매달린 메주를 보면 예나 지금이나 한 가지 공통점이 있어요. 메주를 꼭 볏짚으로 묶어서 매단다는 거예요.

질기고 깨끗한 끈이나 자루도 많은데 꼭 짚으로 메주를 매다는 데는 그만한 이유가 있어요. 이는 볏짚의 마디 부분에 많은 고초균, 프로테아제와 같은 미생물들로 하여금 메주를 잘 발효시키도록 하기 위해서지요. 고초균, 프로테아제와 같은 미생물은 메주의 발효를 돕는 역할을 해요. 또 짚은 메주가 발효될 때 생기는 암모니아의 불쾌한 냄새도 없애 주지요.

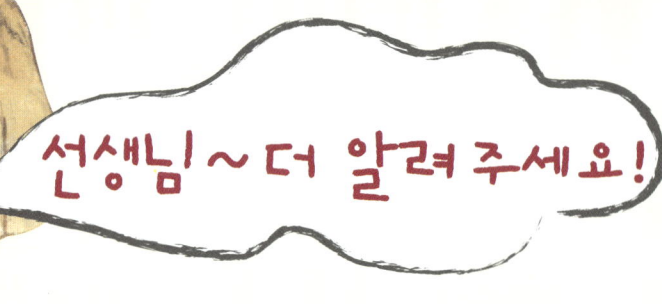

우리 장의 삼총사 간장, 된장, 고추장

된장, 간장, 고추장은 우리 음식의 특징을 말해 주는 가장 대표적인 음식 재료들이에요. 우리 음식은 기름에 튀기거나 볶거나 찌기보다는 삭히고, 절이고, 끓이는 것이 많거든요. 삭히고 절이는 것은 발효를 이용하는 거예요.

장이 대표적인 발효 식품 중 하나이지요.

장 중에서 간장은 음식의 간을 맞추는 양념으로 거의 모든 음식에 들어가요. 간장은 소금물에 메주를 넣어서 만들어요. 이 때 메주는 곰팡이가 하얗게 잘 핀 것을 사용하지요.

이렇게 기본 재료를 넣고 그 위에 고명을 넣어요. 고명으로는 잘 말린 붉은 고추, 통깨, 대추 등이 쓰였지요. 고추는 색깔이 진하게 우러나게 하고, 대추는 단맛을 냈으며, 통깨는 고소한 맛을 내게 해 주지요.

고명을 넣고 나서는 마지막으로 숯을 띄우지요. 숯을 넣는 것은 간장에서 잡냄새가 나거나 해로운 균들이 자라는 것을 막기 위해서예요.

장을 다 담그고 나면 짚으로 엮은 새끼줄에 솔잎과 붉은 고추, 참숯을 꿰어 항아리를 둘렀으며, 항아리에는 버선 모양으로 창호지를 오려 붙이기도 했지요. 이것은 모두 간장의 맛이 좋기를 바라고 부정 타지 말기를 바라는 마음에서 행해진 것이랍니다.

　간장은 보통 오래될수록 맛이 좋다고 해요. 그래서인지 200년 동안이나 간장 맛을 이어 오는 집안이 있지요.
　옛날 간장과 된장은 한 항아리에서 나왔어요. 메주를 소금물에 띄워 놓고 약 45~60일이 지나면 위에는 맑은 액체가 아래쪽에는 풀어진 메주 건더기가 내려앉지요. 이 때 위에 있는 액체를 덜어내는데 그것이 바로 간장이 되는 거예요.
　된장은 간장을 덜어내고 난 뒤 아래쪽에 가라앉은 메주로 담가요. 메주를 꺼내 잘 으깬 뒤 항아리 밑에 소금을 깔고 차곡차곡 넣어요. 메주가 가득 차면 손으로 꾹꾹 눌러 공기를 빼고 위에는 소금을 뿌린 다음 뚜껑을 닫지요. 된장은 너무 오래 묵으면 맛이 떫고 냄새가 나서 보통 1~2년을 두고 먹지요.
　고추장은 가장 늦게 먹기 시작한 장이에요. 우리나라에 고추가 들어온 것이 임진왜란 무렵으로 비교적 늦었기 때문이지요.
　하지만 고추의 영향력은 대단해서 우리나라 사람들의 입맛을 완전히 바꾸어 놓았어요. 그 역할을 한 것이 바로 고춧가루와 고추장이었지요.
　이렇게 장을 담그는 문화는 우리나라 음식 문화와 전통에서 가장 중요한 일 중 하나라고 할 수 있지요.

사고력 코너

1. 노인과 선비들이 함께 머물게 된 곳은 어디인가요?
   ① 폐가
   ② 주막집 방
   ③ 한 선비의 사랑방
   ④ 움막
   ⑤ 동굴

2. 노인과 선비들이 머문 곳에는 무엇이 걸려 있었나요?
   ① 곶감
   ② 박
   ③ 메주
   ④ 짚신

3. 선비들이 노인을 따돌린 까닭을 써 보세요.

4. 선비들은 노인을 쫓아내기 위해 무엇을 하자고 제안했나요?
   그리고 노인은 그런 선비들 앞에서 어떤 행동을 했나요?
   맞는 것끼리 짝지어진 것을 찾아보세요.
   ① 노래 부르기 — 도술을 부렸다
   ② 시 짓기 — 그림을 그렸다
   ③ 춤추기 — 침을 놓아 주었다
   ④ 붓글씨 쓰기 — 이야기를 들려 주었다

5. 선비들 앞에 나타난 복숭아나무에는 복숭아가 열려 있었어요.
   복숭아는 어떤 비밀을 가지고 있었나요?

   ----

6. 선비들은 어떤 복숭아를 따먹었나요? 그리고 잠에서 깨어났을
   때 선비들이 먹고 있던 것은 무엇이었나요?

1. 우리나라의 장을 담그는 데 기본이 되는 재료는 무엇인가요?
    ① 고추장
    ② 된장
    ③ 메주
    ④ 쌀가루

2. 메주를 만드는 재료는 무엇인가요?
    ① 쌀
    ② 콩
    ③ 밤
    ④ 옥수수

3. 메주를 만드는 방법으로 적당하지 않은 것은 어느 것인가요?
    ① 재료를 물에 넣고 삶는다.
    ② 재료를 절구에 넣고 찧는다.
    ③ 네모나 동그란 모양으로 만든다.
    ④ 재료를 햇볕에 바짝 말린다.

4. 메주를 만들 때 짚으로 엮는 이유는 무엇인가요?

5. 다음은 무엇을 만드는 과정일까요?

〈보기〉 메주를 소금물에 띄워 놓고 약 45~60일이 지나면 위에는 맑은 액체가 아래쪽에는 풀어진 메주 건더기가 내려앉지요. 그러면 위의 액체를 덜어내어 음식의 맛을 내는 데 사용했어요.

① 간장
② 된장
③ 고추장
④ 김치

6. 메주라는 이름은 3이라는 의미의 '미리'라는 고구려 말에서 왔어요. 다음은 미리라는 말이 메주로 변하기까지의 과정을 쓴 것이지요. ( ) 안에 맞는 말을 써 보세요.

미리 – 메르 혹은 뫼 –(   ) – 메주

한 그릇에 모은 갖가지 나물

06

들판의 비타민

나물

나물은 예부터 우리 조상들의 좋은 먹거리였어요.
먹을거리가 없어 굶어야 했던 옛 사람들에게는 식량을 대신해
허기를 달래 주는 음식이기도 했지요. 또 가을에 말려 둔 나물은
겨울 동안 비타민과 영양을 공급해 주는 영양 공급원이기도 했고요.
그 밖에도 갖가지 나물들은 독특한 맛을 가지고 있어 어떤 먹거리보다
훌륭한 음식이 되었지요.

요술 부리는 백배 망태기

옛날 산골 마을에 분이와 청이라는 아가씨가 살았어요.
두 사람의 나이는 같았지만 성격은 전혀 딴판이었지요. 분이는 가난했지만 마음씨가 착해 가는 곳마다 칭찬이 자자했어요. 하지만 청이는 부자라는 것 빼고는 내세울 것이 없는 심술꾸러기, 욕심쟁이였어요.
가뭄으로 밥 대신 끼니 걱정을 입에 달고 살던 어느 해 봄, 분이가 산에서 나물을 뜯고 있었어요.

한푼 두푼 돈나물 매끈매끈 기름나물
어영꾸부렁 활나물 동동 말아 고비나물
줄까 말까 달래나물 친친 감아 감돌레

분이가 한참 노래를 부르며 나물을 뜯고 있는데, 어디선가 아이 울음소리가 들렸어요. 분이는 귀를 쫑긋 세우고 울음소리를 따라 나무 사이로 내려갔어요.
얼마나 갔을까? 산마루에 다 쓰러져 가는 초가집에서 한 꼬마가 울고 있는 곳까지 오게 되었어요.
분이는 우는 아이를 모른 체 지나칠 수가 없었어요.
"아니, 왜 이런 곳에서 혼자 울고 있니?"

"으아앙, 배고파!"

분이가 물어도 아이는 배를 잡고 울기만 했어요.

"저런, 배가 고파서 우는구나."

부엌에 들어가 보았지만 먹을 것이라고는 밥풀 한 톨 없었어요. 분이는 하는 수 없이 조금 전에 뜯은 나물과 점심으로 먹으려던 주먹밥으로 나물밥을 만들어 아이에게 주었어요.

그러자 아이는 분이가 해 준 나물밥을 게눈 감추듯 순식간에 해치웠어요.

"자, 이제 배가 부르니?"

"아냐, 아직도 배고파. 으앙!"

아이는 나물밥을 먹고 나서도 배가 고프다며 울음을 그치지 않았어요. 분이는 어쩔 수 없이 한나절을 힘들여 뜯은 나물을 모두 아이에게 주었어요. 아이는 허겁지겁 주는 대로 나물을 받아먹고 나서야 울음을 그쳤어요.

그런데 아이가 울음을 그친 뒤 이상한 일이 벌어졌어요. 방금 전까지 있던 초가집은 물론 아이까지 순식간에 사라져 버린 것이었어요.

대신 초가집이 있던 자리에는 망태기 하나가 동그마니 놓여 있었어요.

"참, 이상한 일도 다 있네."

분이는 고개를 갸웃거리며 망태기를 들고 다시 나물을 캐러 갔어요.

산에는 나물이 많았어요. 많은 나물들을 정신없이 뜯다 보니 집에서 가지고 온 망태기는 금세 가득 차게 됐어요. 그래서 막 뜯은 나물을 주워 온 망태기에 넣었어요.

그런데 이게 웬일이에요? 망태기에 들어간 나물이 백 배로 늘어나는 것이 아니겠어요?

"이럴 수가!"

집에서 기른 콩나물

놀란 분이는 망태기를 가지고 집으로 돌아왔어요.

집에 돌아와 신기한 망태기에 쌀을 한 되 넣어 보았어요. 그러자 쌀이 백 되로 늘어났어요.

"어머, 신기해라!"

그것은 뭐든지 백 배로 늘려 주는 망태기였어요.

망태기는 동전 한 닢을 넣으면 백 닢이 되어 나오고, 깨알만한 금덩이를 넣으면 주먹만한 금덩이를 만들어 주었어요.

분이는 망태기 덕분에 큰 부자가 되었어요. 분이는 굶주리는 마을 사람들에게도 먹을 것과 금은 보화를 나누어 주었지요.
한편 청이도 분이의 이야기를 듣게 되었어요.
'나도 망태기를 얻고 말 거야.'
욕심이 생긴 청이는 일부러 분이처럼 허름한 옷을 입고 산에 올라가 나물을 뜯었어요. 얼마 동안 나물을 뜯고 있다 보니 정말 아이의 울음소리가 들렸어요.
'옳거니, 저 아이에게 나물을 주면 되겠지.'
청이는 얼른 아이에게 달려가 나물을 주었어요.
"으앙, 이게 뭐야?"
그런데 나물을 먹은 아이는 울음을 그치기는커녕 먹던 나물을 퉤퉤 뱉으면서 더 크게 울어 대는 것이었어요.
청이가 나물이라고 아이에게 준 것은 짐승도 못 먹는 풀이었기 때문이에요. 부잣집에서 자란 청이는 어떤 게 나물이고, 어떤 게 잡풀인지 알지 못했던 것이지요.
아이가 먹지는 않고 계속 울어 대자 청이는 화가 나서 소리를 꽥 질렀어요.
"야, 먹기 싫으면 관두고 당장 망태기나 내놔!"
그러자 겁을 먹은 아이가 '펑' 하고 사라졌어요. 아이가 사라진 자리에는 망태기 하나가 놓여 있었지요.

"와, 망태기다!"

청이는 좋아서 펄쩍펄쩍 뛰며 망태기를 들고 후닥닥 산을 내려왔어요.

집에 돌아온 청이는 대문을 박차고 들어서면서 소리쳤어요.

"아버지, 제가 뭐든지 백 배로 늘려 주는 망태기를 가져왔어요."

청이의 말을 들은 아버지가 꼭꼭 숨겨 놨던 커다란 금덩이를 들고 나와 망태기에 넣었어요.

"자, 망태기야. 내 금덩이를 백 배로 키워 다오!"

하지만 금덩이는 백 배로 커지기는커녕 눈에 보일락말락하게 작아져 버렸어요.

그것은 뭐든지 백 배로 작게 만드는 망태기였던 거예요.

영문도 모르고 욕심 때문에 아까운 금덩이를 잃은 아버지가 망태기를 휙 던졌어요.

"에이, 이런 잡동사니를 어디서 주워 온 게냐?"

그런데 아버지가 던진 망태기가 옆에 있던 청이의 어머니 머리 위에 씌워졌어요. 깜짝 놀란 아버지가 부인의 머리 위에 있던 망태기를 벗기려다가 잘못해서 그만 자기가 망태기를 쓰게 되었어요.

그러자 청이 어머니와 아버지는 백 배로 줄어들어 버렸어요.
"아이고, 어머니 아버지 어디로 가셨어요?"
욕심을 부리다가 좁쌀만한 부모를 두게 된 청이가 후회를 했지만 때는 이미 늦은 뒤였어요.

긴긴 겨울을 지내고 파란 새싹이 돋아나는 봄이 오면 사람들은 들로 산으로 나물을 캐러 가지요.
달래, 냉이, 씀바귀, 민들레, 쑥 등 나물들은 개나리, 진달래와 같은 봄꽃들이 산천을 화려하게 수놓는 것처럼 우리들의 밥상을 풍성하게 해 주지요.
우리나라의 산과 들에는 수많은 식물들이 자라고 있어요. 이런 야생 식물의 종류는 약 4,000종에 이르지요.
그 중에서 우리가 먹을 수 있는 식물들은 약 800종이에요. 이를 식용 식물이라고 하지요.
나물은 바로 이 야생 식용 식물에서 먹을 수 있는 부분이나 따로 가꾼 채소에 맛을 내어 만든 반찬 또는 그대로 먹을 수 있는 야생 식물을 말하지요.
나물은 예부터 우리 조상들의 좋은 먹거리였어요. 나물은 겨울이 끝나고 보리가 익을 때까지 먹을거리가 없어 굶어야 했던 옛 사람들에게는 식량을 대신해 허기를 달래 주는 음식이기도 했지요.

또 가을에 말려 둔 나물은 신선한 과일이나 야채를 먹을 수 없었던 겨울 동안 비타민과 영양을 공급해 주는 영양 공급원이기도 했고요.

그 밖에도 갖가지 나물들은 독특한 맛을 가지고 있어요. 각각의 나물에 맞는 요리법으로 맛을 내면 어떤 먹거리보다 훌륭한 음식이 되지요. 나물은 이렇게 우리의 생활과 뗄 수 없는 소중한 먹거리 중 하나이지요.

보릿고개의 수호신, 나물

옛사람들이 산에서 나는 나물을 먹게 된 것은 배고픔을 이기기 위해서였어요. 지금이야 나물이 맛도 좋고 건강에도 좋은 음식으로 대접받고 있지만 예전에도 그랬던 것은 아니에요.

즉, 먹을 것이 없던 보릿고개를 넘기기 위해 우리 조상들은 들과 산에 나는 나물을 캐서 먹었던 거예요.

전해지는 이야기에 의하면, 온달이 평강 공주를 처음 만나던 날, 온달은 산에서 나물을 캐오던 길이었다고 해요. 그러니까 온달을 따라 그의 집으로 간 평강 공주가 처음 먹게 된 반찬은 아마도 나물이었겠지요.

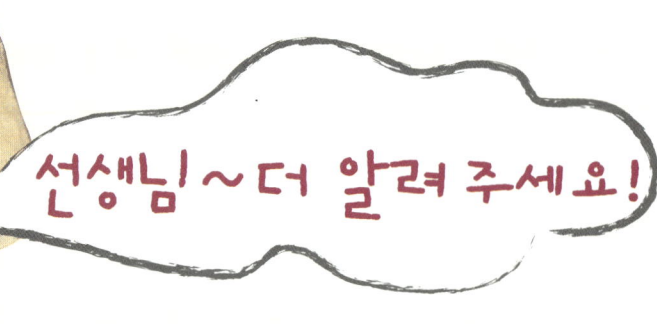

자연 그대로의 식탁 나물

콩나물, 도라지 나물, 고사리 나물, 취나물, 무나물, 시래기 나물, 고구마순 나물, 호박고지 나물, 가지고지 나물. 이 나물들은 우리 조상들이 정월 대보름에 먹던 9가지 나물이에요. 여기서 고지는 호박이나 가지, 고구마 등을 납작하게 또는 가늘고 긴 모양으로 썰어 말린 것을 말해요.

나물은 이처럼 먹는 날까지 정해서 즐길 만큼 우리 생활과는 관련이 깊은 음식이었어요.

〈조선식품성분 연구보고서〉라는 옛 책에는 '옛날부터 조선에서는 산과 들에서 스스로 자라는 식용 야생 식물을 채소와 비슷하게 여겨 나물이라 부르고 대단히 많이 먹고 있다. 특히 농촌이나 산촌에서는 2월 초순부터 5월 중순까지 약 3개월 간은 들풀 등을 밥이나 떡에 넣어 먹고 있다.'고 쓰여 있어요.

단순히 나물을 먹는 것이 아니라 다양한 방법으로 맛을 내어 음식으로 즐기고 있음을 알 수 있는 기록이지요.

나물은 사계절 동안 언제든지 먹을 수 있어요. 봄부터 가을까지는 산이나 들에서 직접 뜯어 와 먹을 수 있고, 겨울에는 말려 두었던 것을 물에 불려 먹으면 되니까요.

영양가가 높은 나물의 대표는 봄에 먹는 냉이라고 할 수 있어요.

나물 중 단백질이 가장 많고 비타민 A도 많이 들어 있어서 잎과 뿌리를 함께 먹으면 영양분을 고르게 얻을 수 있지요.

또 이른 봄에 가장 먼저 볼 수 있는 나물 쑥과 4월쯤에 캐는 달래는 독특한 맛과 향으로 입맛을 돋워 줘요.

그 밖에도 계절에 따라 산과 들에서 나는 나물들은 제각기 독특한 맛과 향을 지니고 있어요.

나물은 보통 끓는 물에 잠깐 동안 데친 다음 맛을 내지요. 이것은 식물의 독성을 없애고 부드럽게 하기 위해서예요. 하지만 너무 오래 삶으면 영양가가 없어지기 때문에 살짝 데치는 것이 좋아요.

나물을 말릴 때에도 끓는 물에 데친 것은 햇볕에 말리고, 생나물은 그늘에서 말려요. 만약 생나물을 그대로 햇볕에 말리면 나중에 물에 불려서 먹을 때 자연 그대로의 색깔이 나오지 않기 때문이지요.

비타민도 많고 각종 영양도 풍부한 나물은 우리 조상들에게 손쉽게 구할 수 있으면서 영양과 맛까지 함께 주었던 고마운 음식이랍니다.

사고력 코너

1. 다음은 무엇에 관한 노래일까요?

   한푼 두푼 돈나물 매끈매끈 기름나물
   어영꾸부렁 활나물 동동 말아 고비나물
   줄까 말까 달래나물 친친 감아 감돌레

   ① 곡식　　　　② 과일
   ③ 나물　　　　④ 채소

2. 분이는 배고파 울고 있는 아이에게 나물밥을 만들어 주었어요. 이것으로 알 수 있는 것을 모두 골라 보세요.
   ① 나물밥은 만들기 어렵다.
   ② 나물밥은 부자들이 즐겨 먹던 음식이다.
   ③ 나물밥은 만들기 쉽다.
   ④ 나물밥은 보통 사람들이 즐겨 먹던 음식이다.

3. 아이에게 나물밥을 주고 분이가 얻은 것은 무엇인가요?

   ----

4. 분이가 가져온 백 배 망태기는 분이에게 무엇을 해 주었나요? 3가지 이상 적어 보세요.

5. 청이는 분이의 소식을 듣고 어떻게 했나요?
   ① 아이를 찾아갔다가 백 배로 줄어들게 해 주는 망태기를 얻게 되었다.
   ② 아이에게 나물밥을 맛있게 해 주어 분이와 같은 망태기를 얻었다.
   ③ 아이를 집으로 데려와 훌륭하게 키웠다.
   ④ 아이를 못살게 굴다가 도깨비들에게 혼이 났다.

6. '백 배 망태기' 이야기에서 얻을 수 있는 교훈은 무엇일까요? 자신의 생각을 써 보세요.

1. 다음 중 나물로 먹을 수 있는 것을 모두 골라 보세요.
   ① 달래
   ② 도라지
   ③ 시금치
   ④ 고사리
   ⑤ 방울꽃

2. 우리나라의 산과 들에는 약 4,000종의 식물이 자란다고 해요. 그 중 먹을 수 있는 식물은 얼마나 될까요?
   ① 약 100종　　② 약 200종
   ③ 약 400종　　④ 약 800종

3. 우리 조상들이 정월 대보름에 먹던 아홉 가지 나물을 써 보세요.

   ----

4. 우리가 나물에서 얻을 수 있는 가장 중요한 영양소는 무엇일까요?
   ① 단백질　　② 탄수화물
   ③ 지방　　　④ 비타민

5. 봄에 주로 먹는 냉이에는 어떤 영양분이 들어 있는지 써 보세요.

6. 나물은 대부분 물에 살짝 데쳐 먹지요. 그 까닭은 무엇일까요?

베를 짜는 베틀

07

더위를 쫓는 서민들의 옷

모시 삼베

모시와 삼베는 올이 성기고 촉감이 까칠까칠해요. 그래서 바람이 잘 통하고, 피부에 달라붙지 않아 더운 여름을 시원하게 날 수 있게 해 주지요. 삼베보다 올이 가늘고 색이 좋은 모시는 다른 옷감과는 달리 빨면 빨수록 윤이 나고 은은한 흰빛이 점점 강해져 깊은 맛을 더하는 옷감이기도 해요.

마의 태자 이야기

후백제가 왕건의 고려에 넘어가자 신라의 경순왕은 며칠 동안 잠을 이루지 못했어요.

'견훤도 무릎을 꿇었는데, 우리 신라가 고려와 싸워서 이긴다는 건 불가능한 일이야. 차라리 이 나라를 왕건에게 넘기는 게 낫지 않을까? 그것이 백성의 목숨이라도 지켜 줄 수 있는 최선의 방법일 거야.'

경순왕이 왕위에 오른 지 9년째 되던 해였지요. 경순왕은 마음이 아팠지만 결심을 굳히고 조정의 신하들을 한자리에 불러 모았어요.

"경들도 아다시피 신라는 더 이상 나라를 지킬 힘이 없소. 질 것이 뻔한 싸움을 해서 피를 흘리느니 그냥 이대로 이 나라를 고려에 넘겨 주려 하오."

경순왕의 말에 신하들은 놀라면서도 그럴 수밖에 없다고 생각했지요. 하지만 누구도 나서서 말을 하지는 못했어요.

그 때였어요.

"아바 마마, 그것은 안 될 일입니다."

태자가 왕 앞으로 나서며 말했어요.

"나라가 흥하고 망하는 것은 하늘의 뜻이옵니다. 천년을 이어온 이 나라를 어떻게 한순간에 고려에 넘겨 준단 말씀입니까? 마지막 한 사람이 남을 때까지 목숨을 바쳐서 싸워 이 나라를 지켜야 합니다."

태자가 반대를 하자 고개를 숙이고 있던 신하들이 하나 둘 입을 열었어요.

"하지만 이제 고려를 당할 수 있는 나라는 없습니다. 목숨 바쳐 싸워 봤자 질 것은 불을 보듯 뻔한 일입니다."

"그렇습니다. 차라리 항복을 해서 평화를 찾는 것이 옳은 방법일 것입니다."

태자는 분함을 참지 못하고 신하들에게 호통을 쳤어요.

"이 나라를 이끌어 왔던 사람들이 어떻게 그런 말을 할 수가 있소? 지금까지 뭘 하다가 이제 와서 나라를 넘겨 주자는 것이오?"

경순왕이 어두운 얼굴로 태자를 타일렀어요.

"태자의 뜻은 알겠노라. 하지만 평화를 얻을 수 있는 기회는 지금뿐이다. 지금 고려와 맞서다가는 죄 없는 백성들만 죽게 될 것이다."

"안 됩니다, 아바 마마. 제발 그 뜻만은 접어 주십시오!"

태자는 머리를 조아리며 간곡히 청했어요. 그러나 경순왕의 결심은 이미 굳어 있었지요.

경순왕은 개경으로 신하를 보내 왕건에게 항복하겠다는 뜻을 전했어요.

"오호, 신라의 왕이 항복을 하겠다면 내가 친히 대접할 것이니 걱정하지 말고 송도로 오도록 하시오."

왕건은 싸움 한 번 하지 않고 신라를 얻게 된 것이 기뻤어요. 그래서 자신이 직접 신하를 보내 경순왕을 데려 오도록 했어요.

이에 경순왕은 신라의 귀족과 관리들을 데리고 고려로 갔어요. 이 때 경순왕이 거느린 일행은 30리에 이를 만큼 길었고, 화려한 마차와 보물을 실은 말을 구경하러 나온 백성들이 산을 이루고 바다를 만들었지요.

"어서 오시오!"

왕건은 친히 마중을 나가 항복 문서를 들고 오는 경순왕을 맞았어요. 왕건은 이어 경순왕을 신하로 삼고, 자신의 딸과 결혼하게 하였어요. 이로써 992년 동안 56대에 걸쳐 이어온 신라는 멸망하게 되었지요.

신라가 망하면서 대부분의 왕족과 신하들은 고려의 백성이 되었어요. 그러나 경순왕의 아들인 태자만은 고려의 신하가 되기를 거부했어요.

"내 한 나라의 태자로서 어찌 다른 나라의 신하가 될 수 있단 말이냐!"

태자는 경순왕이 나라를 고려에 넘기기로 결정하자 통곡을 하며 궁궐을 떠났어요. 신라의 백성들도 고려로 몰려가는 신하들을 보면서 땅을 치며 탄식을 했지요.

'비굴하게 고려의 양식을 먹느니, 차라리 신라 사람으로 남아 칡뿌리를 먹고 살리라.'

태자는 이렇게 마음먹고 지금의 금강산인 개골산으로 들어갔어요.

"자네, 태자의 소식 들었나?"

"글쎄. 사람들 말로는 개골산으로 들어갔다더군."

"나도 그런 소식을 들었네. 한데 거기서 뭘 먹고 살지?"

"삼베로 옷을 해 입고, 풀뿌리를 캐 먹으며 산다더군."

백성들은 끝까지 항복을 거부한 태자를 안쓰럽게 여겼어요.

"한 나라의 왕이 되었을 사람이 삼베옷을 입고 풀뿌리나 캐 먹으며 살다니 안됐어."

"그래도 신라에 태자 같은 사람이 있어 나라의 위신을 세울 수 있지 않나?"

"그런데 왜 서민들이 입는 삼베옷을 입는 걸까?"

"그거야. 태자 마음인 걸 내가 어찌 알겠나?"

사람들은 태자가 삼베옷을 입는 것은 신라가 망한 것을 슬퍼하는 뜻이라고 생각했어요. 삼베옷은 촉감이 거칠거칠하고 올이 굵어 당시 서민들이 주로 입던 옷이었지요.

즉, 태자는 나라의 멸망과 함께 천한 신분이 된 자신의 처지를 비단옷을 벗고 삼베옷을 입음으로써 나타낸 것이지요.

사람들은 그런 태자를 '삼베옷을 입은 태자'라고 하여 '마의 태자'라고 불렀어요. 그리고 마의 태자의 슬픔을 기려 후손들이 사람이 죽으면 삼베로 옷을 해 입었다고 해요.

삼베는 삼, 대마라고 하는 식물의 껍질로 만든 옷감이에요.

우리나라에 삼베가 언제 들어왔는지는 정확하지 않아요. 대략 삼국 시대보다 훨씬 이전인 한민족이 한반도에 건너올 때부터 이미 가져온 것으로 추측하고 있어요.

이것은 신석기 시대의 조개 무덤인 궁산패총에서 생선뼈로 만든 바늘에 삼으로 만든 실이 발견된 것으로 확인되었지요.

이처럼 오래된 삼베는 목화가 들어오기 전까지 평민들이 옷을 해 입는 중요한 옷감이었어요.

평민들의 옷이라고는 하지만 삼베를 만드는 일은 보통 힘든

게 아니어서 삼베가 되려면 서른다섯 번 모습을 바꾸어야 한다고 했어요.

　우리나라에서 쓰이는 삼베는 대마, 혹은 삼이라고 하는 식물의 껍질로 만들어요. 삼은 1년생 풀로 온대 지방에서는 3~4미터까지 곧게 자라지요.

　이 삼을 심은 뒤 다 자라면 삼의 밑동을 베어 거두어들여요. 그런 다음 잎을 모두 훑어내고 난 줄기를 2, 3일 동안 물에 담가 두지요. 물에 충분히 불린 삼나무는 큰 솥에 넣고 삶아요. 이 때는 물과 일손이 많이 필요하므로 옛날에는 마을 사람들이 모두 모여 함께 일을 했어요.

　삼이 다 삶아지면 집으로 가져와 햇볕에 말리고, 껍질을 벗기지요. 껍질을 손톱으로 가늘게 찢은 다음 한 올씩 연결시켜 실을 만들어요. 이것을 '삼삼기'라고 하지요.

　이어 삼삼기를 한 삼실은 풀을 먹이고, 베틀에 올려놓고 물레질을 하면 드디어 삼베가 나오게 되지요.

　삼베는 더운 여름을 시원하게 나기에 더없이 좋은 옷이에요. 삼베는 올이 성기기 때문에 바람이 잘 통하고, 피부에 달라붙지 않아 옷과 피부 사이에 공간을 만들어 주어 땀을 빨리 밖으로 내보내 주거든요.

한편, 우리나라에서는 사람이 죽으면 삼베로 옷을 지어 입힌 뒤 땅에 묻었어요. 삼베는 자연에서 나는 다른 섬유보다 물기를 빨아들이거나 내보내는 기능이 뛰어나요. 그리고 나쁜 균들이 번식하는 것을 막아 주기도 하지요.

그래서 삼베로 옷을 해 입히면 무덤 속에서도 시신의 뼈가 썩지 않고 황골이 된다고 해요. 또 균의 번식을 막아 주어 시신에 벌레가 생기는 것도 막아 주지요.

옷이 붙으면 복 들어갈 틈이 없다

삼베옷은 여름을 시원하게 나는 데 가장 좋은 옷감인 삼베로 만들어진 옷이에요.

우리나라의 여름은 습기가 많고 더운 날이 계속되지요. 이런 기후에서는 땀이 많이 나기 때문에 누에에서 뽑은 실로 만든 명주천이나 동물의 털로 만든 천은 몸에 달라붙기가 쉬워요.

하지만 삼베와 같은 식물성 천은 까슬까슬하고 피부에 잘 붙지 않아 몸을 시원하게 해 주지요. 그래서 우리 조상들은 '옷이 붙으면 복 들어갈 틈이 없다'는 말을 즐겨 쓰곤 했어요.

삼베나 모시 같은 식물성 옷감을 소중하게 여긴 옛날 사람들의 생각이 담긴 말이지요.

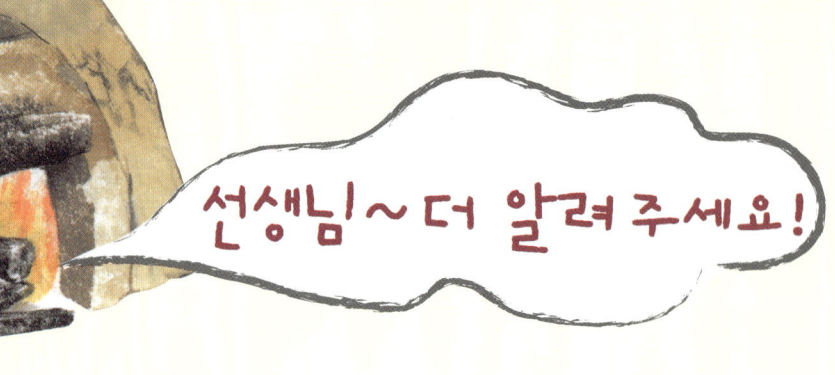

한민족의 멋이 담긴 옷감, 모시

삼베와 더불어 모시는 우리 조상들이 물려준 훌륭한 옷감이에요.

그 중에서 모시는 삼베보다 올이 가늘고 색이 좋아요. 〈삼국사기〉에는 이런 모시옷을 삼국 시대부터 즐겨 입었다는 기록이 나와 있어요.

모시는 잎이 들깻잎처럼 생긴 모시풀의 껍질을 벗겨서 만들어요. 모시풀은 1년에 3번 정도 수확을 하는데, 두 번째 수확하는 것이 가장 좋다고 하지요.

모시풀을 벤 뒤에는 잎을 없애고 모싯대에서 껍질을 벗겨 내는 일을 해요. 그런 다음 껍질을 물에 축인 뒤, 칼로 겉 표면을 긁어 내고 다시 하루쯤 물에 담가 두지요. 그러면 빛깔이 엷은 녹색이 되는데, 이것을 태모시라고 해요.

태모시를 다시 물에 적시고 말리면 점점 빛이 바래요. 모시는 이 빛이 바랜 태모시를 째서 올을 뽑은 것이지요.

이 올의 굵기를 새라고 하는데, 보통 7새에서 15새까지 있고, 10새가 넘으면 세모시, 올이 굵은 모시를 장작모시라고 해요.

모시는 올이 섬세하고 흰빛을 띠고 있어서 모시를 부를 때 흔히 눈이나 매미 날개 같다는 표현을 자주 썼어요. 이런 표현만으로도 모시가 시원한 느낌을 주는 천이라는 것을 알 수 있지요.

실제로 모시는 여름 옷감 중에서 최고로 여겨지고 있어요. 이것은 모시가 속이 비칠 정도로 올 사이에 공간이 있어 바람이 잘 통하고, 촉감이 까칠까칠해 피부에 잘 달라붙지 않으면서도 땀을 흡수하고 내보내는 효과가 탁월하기 때문이지요.

그뿐만이 아니에요. 모시는 다른 옷감과는 달리 빨면 빨수록 윤이 난다고 해요. 거기다 은은한 흰빛이 점점 강해져 깊은 맛이 더하기도 하고요.

모시가 이렇게 특별한 장점을 가지고 있는 옷감이다 보니 예로부터 귀하게 여겨 진상품으로 올려졌어요. 또 멀리 중국과 일본에까지 알려져 외국과 무역을 할 때 중요한 상품이 되기도 했지요.

우리나라에서 유명한 모시 생산지는 충남 서천의 한산 지방이에요. 한산에는 모시를 사고 파는 시장이 열리는데 새벽 세 시경에 열려 동이 트면 닫았다고 해요. 세모시는 귀신도 탐내는 물건이라 밤귀신이 사라지고, 낮귀신이 나오기 전인 새벽에 사고 팔아야 부정을 타지 않는다는 생각 때문에 새벽 장이 열렸던 것이지요. 물론 모시가 습기에 민감한 옷감이어서 습도가 알맞은 새벽에 내놓는 것이 적당하다는 과학적인 이유도 있어요.

한산 모시는 천이 섬세하고 빛깔이 정갈해서 세모시라고도 해요. 세모시는 고울수록 속이 잘 비쳐서 살색을 많이 보인다고 해요. 모시 중에서도 으뜸으로 여기는 이 세모시는 생산량이 많지 않아 비단보다도 비싸고 귀하게 여겼어요. 세모시로는 남자의 고의 적삼, 조끼, 두루마기와 여인의 치마, 적삼, 두루마기 등을 지어 입어요.

사고력 코너

1. 후고구려가 왕건에게 넘어가자 신라의 경순왕은 어떻게 했나요?
   ① 군사를 정비해 왕건의 고려와 끝까지 싸웠다.
   ② 당나라에 사신을 보내 군사와 도움을 청했다.
   ③ 신라를 왕건에게 바치고 백성의 목숨을 구했다.
   ④ 왕건의 고려와 화친을 맺고 당나라를 공격했다.

2. 신라의 태자가 궁궐을 나와 간 곳은 어디인가요?
   ① 개골산
   ② 백두산
   ③ 한라산
   ④ 지리산

3. 산으로 들어간 태자는 어떻게 했나요?

   ----

4. 사람들은 태자의 행동을 안쓰러워하면서도 자랑스럽게 여겼어요. 그 이유는 무엇인가요?

5. 사람들은 태자를 '마의 태자'라고 불렀어요. 그렇게 부른 이유는 무엇이었나요?
    ① 마를 캐 먹으며 사는 왕자라는 뜻에서
    ② 말을 타지 않는 왕자라는 뜻에서
    ③ 말을 하지 않는 왕자라는 뜻에서
    ④ 삼베옷을 입은 왕자라는 뜻에서

6. 마의 태자의 슬픔을 기려 후손들은 어떻게 했나요?

창의력 코너

1. 삼베와 모시는 어떤 재료로 만드는 옷감일까요? 각각 써 보세요.

   ----

2. 다음 삼베 옷감을 만드는 과정을 설명한 글 중 맞는 것을 모두 고르세요.
   ① 다 자란 삼의 밑동을 베어 잎을 훑어 내고 줄기를 2, 3일 동안 물에 담가 둔다.
   ② 불린 삼나무를 삶은 뒤, 그늘에 말리고 껍질을 벗긴다.
   ③ 껍질을 굵게 찢은 뒤 여러 올씩 연결시켜 실을 만든다.
   ④ 삼삼기를 한 삼실에 풀을 먹이고 물레질을 하면 삼베가 된다.

3. 삼베 옷감의 장점으로 틀린 것을 고르세요.
   ① 색깔이 화려해 멋을 내는 데 좋은 옷감이에요.
   ② 삼베는 올이 성기기 때문에 바람이 잘 통해요.
   ③ 삼베는 피부에 달라붙지 않고 옷과 피부 사이에 공간을 만들어 주어 땀을 빨리 내보내 줘요.
   ④ 나쁜 균들이 번식하는 것을 막아 줘요.

4. 모시와 삼베의 차이점을 써 보세요.

5. 모시에 대한 설명으로 틀린 것을 찾아보세요.
   ① 모시는 잎이 들깻잎처럼 생긴 모시풀의 껍질을 벗겨서 만든다.
   ② 모시풀은 1년에 3번 정도 수확하는데, 세 번째 수확하는 것이 가장 좋다.
   ③ 모시올의 굵기를 새라고 하는데, 보통 7새에서 15새까지 있고, 10새가 넘으면 세모시, 올이 굵은 모시를 장작모시라고 한다.
   ④ 모시는 올이 섬세하고 흰빛을 띠고 있어서 눈이나 매미날개 같다는 표현을 자주 썼다.
   ⑤ 한산 모시는 천이 섬세하고 빛깔이 정갈해서 세모시라고도 한다.

6. 모시 옷감으로 지어 입었던 옷들에는 어떤 것이 있는지 아는 대로 써 보세요.

한지 제조 과정 모형

08
천년 동안 변치 않는 종이

한지

한지는 약한 것처럼 보여도 질기고 부드러우며, 먹을 잘 받아
글씨가 잘 써지고, 시간이 오래 지나도 변하지 않는 질 좋은 종이예요.
또 습기를 조절해 주고 공기를 통과시키면서도 바람을 막아 주어
문에 붙이는 창호지로 유용하게 쓰였어요.

담배 피는 종이 호랑이

　한 선비가 과거를 보러 한양에 가고 있었어요. 생전 처음 집을 떠나온 것이어서 길을 잘 몰랐지요. 물어물어 길을 가던 선비는 엉뚱하게도 산 속에서 헤매게 되었어요.
　"이런, 내일이 시험인데 산 속에서 길을 잃다니 큰일이군!"
　선비는 사방이 나무로 둘러싸인 산 속에서 난감해 어쩔 줄 몰라했어요.
　'계곡을 따라 내려가면 여길 벗어날 수 있을 거야.'
　선비는 계곡을 따라 걸음을 재촉했어요. 선비가 작은 웅덩이를 지날 때쯤이었어요. 어디서 나타났는지 집채만한 호랑이가 앞을 떡 가로막더니 선비를 향해 소리쳤어요.
　"어흥, 배가 고파서 널 잡아먹어야겠다."
　호랑이를 보자 선비는 눈앞이 깜깜했어요. 과거 시험도 못 보고 꼼짝없이 호랑이 밥이 될 판이니 억울하기도 했고요.
　선비는 자리에 털썩 주저앉아 엉엉 울음을 터뜨렸어요.
　"어흥, 울어도 소용없으니 각오나 단단히 하거라!"
　호랑이는 선비가 울면서 달아날 방법을 생각하는 줄은 꿈에도 몰랐어요.

한지로 만든 상자

이윽고 호랑이가 커다란 입을 쩍 벌리고 다가왔어요. 순간 선비는 옆에 있는 나뭇가지로 호랑이의 머리를 힘껏 내리쳤어요.

"네 이놈, 어찌 할애비를 몰라보고 누런 이를 드러내느냐?"

선비가 호통을 치자 호랑이는 어안이벙벙했어요. 워낙 크고 자신 있는 선비의 호통에 괜히 기가 죽은 것도 사실이고요.

"뭐라? 네가 어째서 내 할아버지란 말이냐?"

호랑이가 어물쩡한 태도로 물었어요.

"이 녀석, 나는 사람이 되려고 이 산을 떠나 도를 닦고 오는 길이다."

호랑이는 선비의 말을 믿을 수 없다는 듯 고개를 저었어요.

"흥, 웃기는 소리를 하는군. 내가 네 얄팍한 거짓말에 속을 듯싶으냐?"

호랑이가 코방귀를 뀌며 선비에게 다가왔어요. 그러자 선비는 다시 한번 호랑이에게 알밤을 먹이고는 태연하게 돌아섰어요.

"내가 본모습을 보여 줄 테니 너는 잠시 저 바위 뒤에 가 있거라."

선비가 근엄한 목소리로 말하자 호랑이가 발을 모으고 주춤거렸어요.

"어허, 내 아직 도를 다 닦지 못해 누가 보고 있으면 변신이

안 되느니라. 그러니 잠시 바위 뒤에 가 있으래도!"
할 수 없다는 듯 호랑이가 바위 뒤로 물러났어요.
선비는 얼른 봇짐 속에서 먹과 책과 주먹밥을 꺼냈어요. 그리고 책을 한 장씩 찢어 황토흙을 묻힌 다음 한지를 밥풀로 붙여 크게 만들고는 먹으로 죽죽 줄을 그었어요. 황토흙의 물이 들어 누런 한지에 먹으로 검은 줄을 그으니 꼭 호랑이 가죽처럼 보였지요.
선비는 옷을 벗고 한지를 뒤집어쓴 뒤 땅에 엎드려 곰방대에 불을 붙였어요.
"자, 이제 나오거라!"
바위 뒤에서 나온 호랑이는 눈이 휘둥그레졌어요. 사람 얼굴을 한 호랑이가 떡하니 누워서 담배를 피우고 있었으니까요.
"이래도 나를 몰라보겠느냐?"
선비의 채근에 호랑이가 고개를 갸웃거렸어요.
"글쎄요. 머리를 보면 사람인데 누런 거죽에 줄무늬는 호랑이 같기도 하고……?"
"에헴, 그건 내가 아직 도를 깨닫지 못해 변신술이 완벽하지 못해서 그런 거란다."
"그럼, 등가죽이랑 뱃가죽엔 웬 글씨가 적혀 있나요?"

"이 글씨 말이냐? 이건 내가 과거 시험을 보기 위해 공부한 흔적이니라."

호랑이는 그제야 선비의 말을 믿는 듯했어요. 그러면서도 의심이 드는지 요리조리 선비를 살펴보더니 고개를 마구 흔들어 댔어요.

"에이, 헷갈려. 호랑이로 살든지 사람으로 살든지 확실해야지 어정쩡하게 그게 뭡니까?"

그 소리를 듣고 선비가 벌떡 일어나 넙죽 절을 했어요.

"아니, 어째서 절을 하는 게요?"

"네 덕분에 방금 도를 깨우쳤다. 내가 오랫동안 수양을 닦았는데도 도를 깨우치지 못한 건 호랑이에 대한 미련을 떨쳐 버리지 못한 탓이었구나. 너는 내 스승이니 절을 받거라."

"헤헤, 그렇다고 절까지 하실 거야 있나요?"

"아니다. 나는 이제 인간으로 살기로 마음먹었다. 그러니 호랑이로서 마지막 절을 네게 하고 싶구나."

선비의 절을 받은 호랑이는 우쭐해져서 거드름을 피웠어요.

그러는 사이 선비는 웅덩이로 들어가 텀벙텀벙 물장구를 쳤어요. 그러면서 한지를 벗어놓고 잽싸게 옷을 입었지요.

"아하, 내가 이제야 인간이 되었구나. 저기 내가 벗어 놓은 가죽은 네가 잘 보관하도록 하여라."

선비는 이 말을 남기고 갓도 쓰지 않은 채 산 아래로 잽싸게 뛰어갔어요.

"할아버님이 남기신 가죽이니 잘 간직해야겠어."

호랑이는 멀어지는 선비를 바라보며 혼잣말을 했어요. 그러고는 웅덩이에 둥둥 떠 있는 한지를 건져 햇빛에 널었어요.

한참이 지나자 햇빛에 한지가 다 말랐어요. 그런데 이게 웬일이에요? 호랑이의 줄무늬고 뭐고 모두 지워지고 하얀 종이만 남은 게 아니겠어요?

"아니, 이건 종이잖아. 그 선비 놈, 나를 속여?"

호랑이는 그제야 자신이 선비에게 속을 걸 알고 뒤쫓아갔어요. 하지만 한지가 마르는 동안 선비는 이미 산을 벗어나고 없었지요.

한지는 약한 것처럼 보여도 질기고 부드러우며, 먹을 잘 받아 글씨가 잘 써지고, 시간이 오래 지나도 변하지 않는 질 좋은 종이예요. 조선 시대에 한지로 만들어진 책이 지금도 변하지 않고 남아 있는 것을 봐도 그 품질을 짐작할 수 있지요.

또 얼마 전에 불국사 석가탑에서 불경이 하나 발견되었어요.

종이를 만들 때 쓰이던 나무통

이것은 〈무구정광 대다라니경〉이라는 불경 중 하나를 나무판에 새겨 한지에 찍은 것이었어요.

놀라운 것은 이 불경을 찍은 한지가 무려 1,300년이 넘는 세월을 견뎌 왔다는 거예요. 기술이 발달된 지금의 종이도 50년만 지나면 누렇게 변해 쓸 수가 없는데 말이에요.

이렇듯 한지는 천년이 넘는 수명을 지닌 놀라운 종이예요.

뿐만 아니라 한지는 물에 빨아 햇빛에 말린 다음 다시 사용할 만큼 질기고 튼튼해요.

요즘도 헌 종이를 모아 재생 종이를 만드는데, 처음 종이보다 질이 낮은 것을 보면 한지의 뛰어난 재생 능력이 지금 쓰이는 종이보다 훨씬 뛰어나다는 것을 알 수 있지요.

한지는 주로 책을 만드는 데 사용되어 왔어요. 하지만 질기고 튼튼한 한지의 특성을 살려 방바닥이나 문에 붙이는 데도 쓰였지요. 특히 살이 있는 문을 주로 썼던 우리 나라 집에서는 한지가 없어서는 안 될 건축 재료 중 하나였어요.

문에 붙이는 한지를 창호지라고 했는데, 한지를 문에 붙이면 좋은 점이 많지요.

우선 한지는 습기를 조절해 줘요. 습기를 잘 빨아들이고, 잘 내보내기도 해서 여름 장마철에 방 안에 습기가 차는 것을 막아 주지요.

또 한지는 공기를 통과시켜요. 공기를 잘 통하게 해서 방 안 공기가 탁해지는 것을 막아 주지요. 찬 바람이든 더운 바람이든 외부에서 들어오는 바람을 막아 주는 것은 기본이었고요.

이처럼 한지는 우리 민족에게 큰 도움을 주는 훌륭한 종이랍니다.

설움 속에 태어난 천년 종이 한지

옛날에는 한지를 만드는 사람들을 '통꾼'이라고 불렀어요. 한지를 만들려면 커다란 통 두 개가 필요해서 늘 통을 가지고 다녔기 때문이에요. 이 통이 바로 종이를 뜨는 도구였던 셈이지요. 이들 통꾼들은 한지를 만들기 위해 사당패처럼 전국을 떠돌아다녀야 했어요. 한지를 만들 때 꼭 필요한 닥나무를 찾아 떠돌아다니는 통꾼들의 삶은 그야말로 고달픈 삶이었어요.

통꾼들은 때가 되면 자리를 옮겨야 하니 살림살이도 거의 없었고, 직업도 대물림되었으며, 사회적으로도 천민 취급을 받았으니 그 설움이 깊을 수밖에 없었지요. 한지는 이러한 설움 속에서 태어난 결실이라고 할 수 있어요.

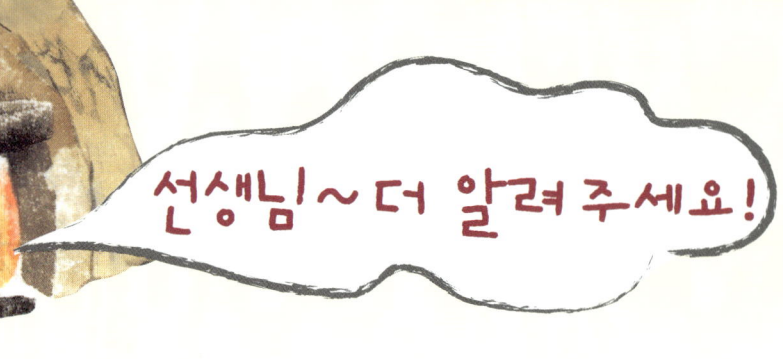

선생님~더 알려주세요!

닥나무의 선물 한지

우리 나라에서 처음 만든 종이는 삼베나 모시처럼 섬유질이 많은 나무를 갈아서 만든 마지였어요. 그 뒤를 이어 닥종이, 즉 흔히 말하는 한지가 등장했지요.

한지는 닥나무로 만들어요. 닥나무는 키가 4미터를 넘고, 해마다 가지를 잘라 내면 다음 해 2~3미터의 가지가 자라지요.

한지를 만들기 위해선 맨 처음 이 닥나무의 밑을 잘라 커다란 가마솥에 넣고 쪄요. 충분히 쪄지면 껍질을 벗겨 내지요. 벗겨 낸 껍질은 햇볕에 말렸다가 다시 물에 담그고, 껍질의 표면에 검은 부분을 긁어 내지요. 이어 석회와 재를 넣고 끓여요.

이렇게 끓인 껍질은 다시 건져 내 깨끗이 씻어서 하얗게 될 때까지 말려요. 여기까지도 손이 많이 가지만 정작 한지가 완성되려면 몇 번의 과정을 더 거쳐야 해요.

하얗게 된 껍질을 돌 위에 놓고 방망이로 두들기는데 이것은 껍질을 연하게 만들어 닥나무의 섬유질이 잘 분리되게 하기 위해서지요.

충분히 두들겨 껍질이 잘게 부서지면 물에 넣어 풀어요. 그리고 풀어진 섬유질이 잘 엉기도록 끈끈하게 해 주는 액체를 넣지요.

이렇게 하면 마치 죽처럼 보이는 재료가 완성돼요. 이 재료를 커다란 통에 넣고 발로 떠 낸 다음 커다란 철판에 붙여서 말리면 한지가 완성되는 거예요.
　우리의 한지는 중국이나 일본 같은 나라에서 만들었던 종이보다 훨씬 질이 좋았어요. 우리나라의 한지가 질기고 튼튼한 것은 바로 만드는 방법의 차이 때문이지요.
　중국의 종이를 화지라고 하는데 이것은 닥나무를 갈아서 만들어 수명이 짧았어요. 그리고 일본에서 만든 왜지는 종이를 뜨는 발이 우리와 달라 질기지 않았다고 해요.
　이렇듯 우리나라의 한지는 질이 좋아 중국에서는 비단에 비교할 만큼 고급스럽게 여겼고, 한지를 만들기 시작한 삼국 시대에 고구려의 스님 담징은 일본에 종이를 만드는 기술을 전해 주기도 했지요.

1. 선비는 무엇을 하러 가다가 길을 잃었나요?
   ① 과거 시험을 보러 가다가
   ② 종이 장사를 하러 가다가
   ③ 도를 닦기 위해 절을 찾아가다가
   ④ 호랑이를 사냥하러 가다가

2. 호랑이를 만난 선비는 자신을 누구라고 말했나요?
   ① 호랑이의 할아버지라고 했다.
   ② 호랑이의 친구라고 했다.
   ③ 호랑이의 동생이라고 했다.
   ④ 호랑이의 남편이라고 했다.

3. 선비가 어떤 방법으로 호랑이인 척했는지 써 보세요.

   ----

4. 선비가 호랑이를 속이는 데 이용한 물건은 무엇인가요?
   ① 옷감
   ② 목재
   ③ 한지
   ④ 석재

5. 호랑이는 선비가 벗어 놓고 간 한지를 빨아서 햇빛에 널었어요. 어떻게 되었나요?
   ① 모두 찢어져 종이가 엉망이 되었다.
   ② 황톳물이 빠져 깨끗한 종이가 되었다.
   ③ 모두 물에 풀어져 쓸모없게 되었다.
   ④ 너무 작게 줄어들어 손바닥만하게 되었다.

6. 이 이야기에 나타난 한지의 특징을 써 보세요.

1. 한지를 만드는 원료는 무엇일까요?
    ① 소나무
    ② 모시풀
    ③ 갈대
    ④ 닥나무

2. 한지의 긴 수명을 알 수 있는 문화재로 1,300년이 넘은 기록은 무엇인가요?
    ① 무구정광 대다라니경
    ② 조선왕조실록
    ③ 목민심서
    ④ 직지심경

3. 한지를 만들기 위해서는 하얗게 된 재료의 껍질을 돌 위에 놓고 방망이로 두들겨요. 그 이유는 무엇인가요?

---

4. 한지를 만들 때 닥나무 껍질 표면에 검은 부분을 긁어 낸 뒤 끓이면서 넣는 두 가지 재료가 무엇인지 써 보세요.

5. 한지를 만드는 과정으로 틀린 것을 고르세요.
   ① 재료를 잘라 커다란 가마솥에 넣고 찐다.
   ② 나무가 충분히 쪄지면 껍질을 벗겨 낸다.
   ③ 벗겨 낸 껍질은 햇볕에 말렸다가 다시 물에 담그고, 껍질 표면에 검은 부분을 긁어 낸다.
   ④ 재료를 절구에 넣고 빻는다.

6. 한지의 장점을 아는 대로 써 보세요.

온돌방

따뜻한 방, 건강한 방

온돌

온돌은 밥 짓고 음식을 만드는 동시에 따뜻한 생활까지
할 수 있게 해 주는 우리 조상들의 전통 난방법이지요.
온돌은 우리 몸의 혈액 순환을 좋게 할 뿐만 아니라
청결한 실내 환경과 적당한 습도를 유지하게 해 주는
자연 친화적이면서 건강을 생각하는 난방 방식이에요.

똥으로 물리친 천년 구렁이

옛날 옛날 먹보가 살았어요.
"아이고, 먹보야. 일어나서 책 좀 읽으렴."
"싫어유."
책 읽기는 먹보가 제일 싫어하는 일이었지요.
"그럼, 나가서 일을 하든지!"
"힘 없어유."
먹보는 지푸라기를 들 힘도 없어 일도 못 했어요.
"밥 먹으렴."
"그건 좋아유."
공부도 일도 하지 않는 먹보가 몸을 움직이는 건 먹을 때뿐이었어요.

먹보는 아랫목에서 잠을 자고 데굴데굴 몸을 굴려 윗목에서 밥을 먹고, 데굴데굴 몸을 굴려 아랫목에서 또 잠을 잤어요. 밥은 또 얼마나 많이 먹는지 밥그릇이 가마솥만 했어요.

그러던 어느 날, 먹보네 집에 천년 묵은 구렁이가 나타났어요. 천년 구렁이는 먹보의 엄마, 아빠를 한입에 삼키고는 초가집 방 앞을 어슬렁거렸어요. 방문 위에 붙여 놓은 부적 때문에 방으로 들어갈 수가 없었던 것이지요.

'방 안에 한 녀석이 있는데, 꼼짝을 안 하니 어떻게 해야 잡아먹을 수 있을까?'

천년 구렁이는 하나 남은 먹보를 꾀어 내기 위해 궁리를 했어요.

'옳거니, 아궁이에 불을 때자. 그러면 방이 뜨거워질 테니 제 녀석이 안 나올 수 없겠지.'

천년 구렁이는 아궁이에 불을 지폈어요.

아궁이의 불길은 온돌 밑을 지나 방을 뜨겁게 달구었어요.

온돌방은 아궁이에 불을 때면, 그 열기가 방 밑으로 지나가 굴뚝으로 빠져나가는 모양으로 되어 있어요. 그래서 아궁이에 불을 많이 땔수록 방은 뜨거워지기 마련이지요.

"먹보야, 방이 더울 테니 나와서 땀 좀 식히렴."

엄마로 변신한 천년 구렁이가 가는 목소리로 먹보를 꾀었어요. 그러나 먹보는 몸을 데굴데굴 굴려 윗목으로 가더니 콧구멍을 쑤시며 게으름을 피웠어요.

"덥긴유, 방이 참 따끈따끈하고 좋네유."

온돌방은 아궁이에서 가까운 아랫목 쪽은 빨리 뜨거워져요. 반면 굴뚝 쪽인 윗목은 서서히 뜨거워지지요.

'좋아. 그렇다면 아궁이의 불을 꺼 주지. 방 안이 추워지면

안 나오고는 못 배길걸.'

천년 구렁이는 아궁이의 불을 껐어요. 그러고는 마당에 모닥불을 피우면서 먹보를 불렀지요.

"먹보야, 방이 추울 테니 마당에 나와 불을 쬐렴."

"춥긴유~. 아랫목은 잠자기 딱 좋을 만큼 따뜻한 걸유."

온돌방은 열이 식을 때는 반대예요. 온도가 높지 않았던 윗목은 금세 차가워지지만, 아랫목은 오래도록 따뜻하지요.

그러니까 먹보는 위치에 따라 따뜻한 정도가 다른 온돌방을 이리저리 옮겨 다니고 있었던 거예요.

먹보가 삼일 낮밤을 꼼짝도 안 하자 답답해진 천년 구렁이가 화를 냈어요.

"먹보 네 녀석은 도대체 어떻게 해야 밖으로 나올 테냐?"

그러자 먹보가 귀찮다는 듯이 대답했어요.

"아휴, 엄마는 아직도 날 몰라유. 저야 먹을 게 없으면 꼼짝도 안 하잖아유."

먹보의 말을 들은 천년 구렁이는 커다란 가마솥 가득 밥을 지었어요. 그러고는 가마솥을 마루에 올려놓고 고소한 밥냄새를 방으로 불어 넣었어요.

"킁킁, 이건 맛있는 밥 냄샌디?"

밥 냄새를 맡은 먹보는 뒹굴뒹굴 몸을 굴려 문 밖으로 나갔어요. 그리고 가마솥을 가랑이 사이에 끼고 꾸역꾸역 밥을 먹어 치웠어요.

"먹보야, 이제 다 먹었니?"

천년 구렁이가 배를 튕기고 있는 먹보에게 얼굴을 들이밀며 물었어요.

순간 먹보가 까무러칠 듯 놀라며 가마솥을 걷어찼지요. 그 바람에 천년 구렁이는 머리에 가마솥을 뒤집어쓰고 말았어요. 먹보는 천년 구렁이의 갈라진 혀를 본 것이었어요.

"넌 우리 엄마가 아녀. 저리 가!"

천년 구렁이의 갈라진 혀를 본 먹보는 기둥을 타고 초가지붕으로 올라가 소리쳤어요.

"이 녀석, 당장 내려오너라!"

천년 구렁이가 가마솥을 벗어 던지고 소리쳤어요. 그러나 먹보는 꼼짝도 안 했어요.

"좋아, 그렇다면 아궁이로 들어가 굴뚝을 타고 올라가 네 녀석을 잡아먹겠다!"

천년 구렁이는 재빨리 아궁이로 들어가 방 구들 사이를 지나 굴뚝으로 올라가기 시작했어요.

"쳇, 누가 가만히 앉아서 당한다? 에라, 이거나 먹어라!"

먹보는 굴뚝에 대고 한바탕 실례를 했어요. 가마솥째로 밥을 먹는데다가 사흘을 참았으니 그 양이 얼마나 많았겠어요.

"꾸엑 꽥!"

천년 구렁이는 그만 먹보의 똥을 뒤집어쓴 채 굴뚝에 갇혀 죽고 말았어요.

한편, 간신히 살아난 먹보는 천년 구렁이의 뱃속에 갇혀 있던 부모님을 구해 내고, 이후 부지런한 사람이 되어 행복하게 살았대요.

먹보가 아랫목과 윗목을 뒹굴며 게으름을 피우던 온돌방은 바닥을 데워서 방을 따뜻하게 하는 우리 고유의 난방 방식이에요.

우리나라에서 언제부터 온돌이 사용되었는지 그 시기는 확실하지 않아요. 하지만 함경북도 웅기 지방에 있는 청동기 시대 움집에서 구들이 발견된 것으로 보아 아주 오래 전부터 쓰인 것으로 추측하고 있지요.

또 중국의 기록에 '고구려에서는 겨울철에 장강을 만들고 밑에서 불을 때어 따뜻하게 했다'는 내용이 있어요. 여기에 나오는 '장강'이라는 난방 방식은 지금의 온돌과 비슷한 것으로 원시적인 형태이긴 했지만 원리는 같았을 것으로 보고 있지요.

고구려와 마찬가지로 신라와 백제에서도 이런 온돌이 사용되었어요.

온돌은 땅바닥에 고랑처럼 생긴 방고래를 만들고, 그 길을 따라 두둑을 세운 다음 위에 구들장을 놓아요.

방고래는 아궁이에서 나와 부챗살처럼 방에 넓게 펼쳐졌다가 굴뚝 쪽으로 갈수록 점점 모아지는 모양이지요. 방고래가 이렇게 아궁이에서 부챗살처럼 펼쳐지는 것은 방을 골고루 데우기 위해서예요.

방고래를 놓고 그 위에 놓는 구들은 넓고 평평한 돌이에요. 구들은 구운 돌이라는 의미로 온돌의 순우리말이지요.

구들을 놓을 때는 아랫목에서는 낮고 주변으로 갈수록 높아지게 했어요. 이것은 아궁이에서 들어온 열기가 방을 돌아 굴뚝으로 잘 빠져 나가게 하기 위한 것이지요.

또 구들을 놓을 돌은 두꺼운 것은 아궁이 쪽에, 얇은 것은 굴뚝 쪽에 놓았어요. 두꺼운 돌은

방고래와 구들장

한번 열을 받으면 쉽게 식지 않기 때문에 오랫동안 따스함을 간직할 수 있었기 때문이지요.

  방고래에 맞추어 구들을 놓고 나면 진흙으로 구들과 구들 사이를 메우고 불을 지펴 말려요. 이어 구들 위에 더욱 고운 진흙이나 황토를 바르고, 다시 불을 지펴 말리지요. 이렇게 하면 방바닥이 평평해져요.

  이렇게 두 번 진흙을 발라 바닥이 정리되면 잘 말린 후에 초배지를 발라요. 이어 초배지 위에 장판지를 붙이면 아늑하고 따뜻한 온돌방이 완성되지요.

긴급 출동에는 쪽구들이 최고

온돌은 밥 짓고 음식을 만드는 동시에 따뜻한 생활까지 할 수 있게 해 주는 우리 조상들의 전통 난방법이었지요. 그런데 고구려인들의 온돌법은 지금과 달라서 방 안에 아궁이가 있었어요. 방 한 쪽에만 구들을 깔고, 다른 한 쪽은 맨바닥이었지요. 이것을 쪽구들이라고 해요. 고구려인들이 쪽구들을 사용했던 것은 그들이 수시로 말을 타야 했기 때문이에요. 말을 타려면 정강이까지 오는 긴 장화를 신어야 하는데, 이 장화를 벗고 신는 일이 여간 번거로운 게 아니었거든요. 그래서 고구려인들은 장화를 신은 채로 드나들기 위해 한 쪽에만 구들을 놓아 걸터앉을 수 있게 했던 것이지요.

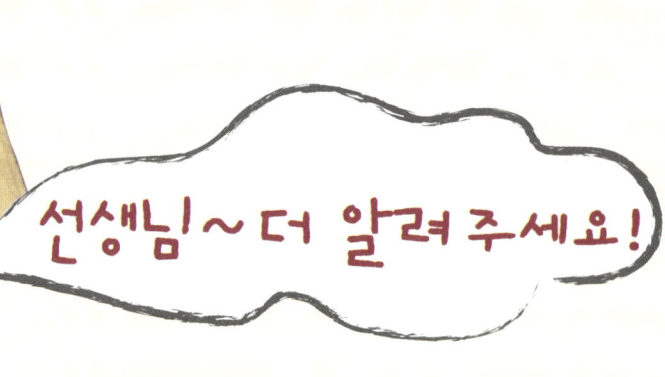

자연 친화적인 난방법 온돌

 예전에 할머니 할아버지는 뜨끈뜨끈한 아랫목에서 잠을 자야 몸이 개운하다는 말을 자주 하시곤 했어요.
 온돌은 난로처럼 공기를 데워서 방 안 전체를 뜨겁게 하는 입체 난방 방식이 아니라 바닥만 데워 온기를 유지하는 평면 난방 방식이에요.
 그래서 따뜻한 바닥에 몸을 대야만 제대로 된 온기를 느낄 수 있지요. 이렇게 하면 우리 몸의 혈액 순환이 좋아져 몸에 활력이 생기고 개운함을 느낄 수 있었어요.
 온돌을 통해 난방을 하면 적은 열로도 오랫동안 따스함을 느낄 수 있어요. 이것은 온돌이 품고 있다가 뿜어 내는 열을 받을 때, 우리 몸이 느끼는 온도가 실제 온도보다 높기 때문이지요.
 난로를 통해 난방을 할 때 과열되면 불이 날 염려가 많아요. 하지만 온돌은 직접 불을 피우는 것이 아니라 간접적으로 다루고, 열기가 사방으로 퍼져 배출되기 때문에 불이 날 염려가 거의 없지요.
 또 온돌 위에 이불을 깔고, 그 속에 들어가 잠을 자게 되므로 발은 뜨겁고, 머리는 차갑게 생활하게 되어 몸의 혈액 순환을 좋게 하지요.
 뿐만 아니라 온돌 생활은 실내를 쾌적하게 유지할 수 있도록 해 주지요. 온돌은 난방으로 인해 방 안에서 재나 먼지 등이 날 걱정을 할 필요가 없으니까요.

이에 비해 침대나 소파를 두고 난로를 통해 난방을 하는 방식은 실내에 재나 먼지를 많이 발생시킬 수밖에 없지요.

이처럼 온돌 방식은 실내 환경을 깨끗하게 유지하게 해 주고, 방바닥 전체에서 골고루 열을 내보내 공기를 데우기 때문에 적당한 습도도 유지할 수 있게 해 주지요.

이것은 요즘 많은 어린이들에게 고통을 주는 알레르기의 원인 중 하나인 진드기의 서식을 막는 역할을 해요.

요즈음에는 '황토방' 또는 '찜질방' 등의 이름으로 온돌 형태를 갖춘 곳을 찾아다니는 사람이 많아요.

그런데 옛 사람들은 이처럼 몸에 좋은 온돌을 집에서 즐겼으니 전 세계 사람들이 그 지혜로움에 놀라는 것은 당연한 일이겠지요.

그래서인지 영국의 유명한 사전인 옥스퍼드 사전에는 김치(KIMCHI)와 더불어 온돌(ONDOL)이 국제어로 실려 있다고 해요.

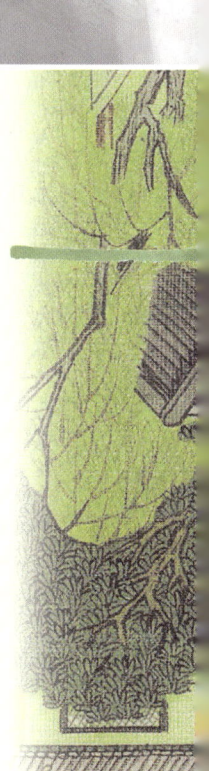

사고력 코너

1. 먹보의 특징을 나타낸 것으로 틀린 것은 무엇일까요?
   ① 책 읽기를 매우 싫어한다.
   ② 게을러서 밖에 나가는 것조차 싫어한다.
   ③ 효성이 지극해 부모를 잘 돕는다.
   ④ 음식을 배가 터질 만큼 먹어 대기를 좋아한다.

2. 천년 구렁이는 먹보를 밖으로 끌어내기 위해 어떤 방법을 썼나요?

3. 먹보가 추운 겨울에 삼일 동안 견디던 방은 어떤 방식으로 난방을 하는 곳이었을까요?

---

4. 천년 구렁이는 무엇을 타고 지붕에 올라갔나요?
   ① 사다리를 타고
   ② 큰 나무의 가지를 타고
   ③ 벽에 못을 박은 뒤 못을 타고
   ④ 방구들을 지나 굴뚝을 타고

5. 먹보는 천년 구렁이가 부모님이 아니라는 것을 어떻게 알았나요?
   ① 천년 구렁이의 커다란 몸을 보고
   ② 천년 구렁이의 갈라진 혀를 보고
   ③ 쉬쉬거리는 소리를 듣고
   ④ 천년 구렁이의 냄새를 맡고

6. 추운 겨울 먹보가 불도 안 땐 방에서 삼 일을 견딜 수 있었던 이유를 써 보세요.

창의력 코너

1. 다음 중 방구들을 놓는 돌로 적당한 것은 어느 것일까요?
   ① 동그란 돌
   ② 울퉁불퉁하고 뾰족한 돌
   ③ 넓고 평평한 돌
   ④ 네모난 돌

2. 구들, 또는 구들장이라는 말은 어떤 말에서 왔는지 써 보세요.

   ---

3. 온돌을 만드는 방식에서 잘못된 것은 어느 것일까요?
   ① 난로처럼 공기를 데워서 방 안 전체를 뜨겁게 하는 입체 난방 방식이다.
   ② 바닥만 데워 온기를 유지하는 평면 난방 방식이다.
   ③ 열기가 사방으로 퍼져 배출되므로 난로보다 불이 날 염려가 매우 적다.
   ④ 적은 열로도 따스함을 오랫동안 느낄 수 있다.

4. 온돌방을 골고루 데우기 위해서 어떻게 하나요?

5. 온돌방을 만드는 방법을 나열한 것입니다. 순서에 맞게 번호대로 써 보세요.
 (1) 고운 진흙이나 황토에 진흙을 바르고, 다시 불을 지펴 말린다.
 (2) 초배지와 장판지를 붙인다.
 (3) 진흙으로 구들과 구들 사이를 메우고 불을 지펴서 말린다.
 (4) 땅바닥에 고랑처럼 생긴 방고래를 만든다.
 (5) 방구들을 놓는다.

---

6. 구들을 놓을 때, 아랫목에서는 낮고 주변으로 갈수록 높아지게 하는 이유는 무엇일까요?

천연 염료로 색을 낸 한복

10

한 가지 재료로 만드는 백 가지 색

쪽빛

우리 조상들은 자연에서 얻은 천연 염료로 형형색색의 아름다운 옷을 지어 입었어요. 천연 염료는 사람의 피부에 닿아도 전혀 해가 되지 않았고 오래될수록 은은한 빛을 더하는 장점이 있지요. 그 중에서도 쪽이라는 식물은 잎을 이용해 푸른 빛을 내는 재료로 하늘의 빛을 닮아 바라보고만 있어도 사람의 마음을 편안하게 해 주는 친근하면서도 정겨운 색이었어요.

신통 처녀 방통 총각 결혼하기

옛날에 신통방통 재주를 가진 처녀가 있었어요.

처녀는 하루아침에 무명천 열두 필을 짤 수 있었지요. 에이, 그런 재주를 가진 처녀가 귀신 아니면 도깨비지, 어찌 사람이었겠냐고요?

그럼, 얘기를 한번 들어 보세요.

처녀는 잠깐 동안 목화밭에 나가 솜을 따다가 속에 있는 씨를 뽑아 내는 씨앗기를 했어요.

또 잠깐 동안 목화를 부풀게 해 솜을 만드는 솜타기를 하고, 잠깐 동안 부풀린 솜에서 실을 뽑기 위한 고치말이를 했어요.

물론 고치말이에서 실을 뽑아 내는 실잣기도 잠깐 동안, 실로 베를 짜기 위해 여러 줄의 날로 만드는 무명날기도 잠깐 동안, 무명날기한 것에 풀을 먹이는 무명매기도 잠깐 동안, 풀 먹인 실을 베틀에 매고 무명천을 만드는 것도 잠깐 동안이면 다 되었지요.

이렇게 무명천을 짜는 모든 과정이 잠깐 동안이면 되었으니 어찌 하루아침에 무명천 열두 필을 짜는 게 어려웠겠어요?

이렇게 놀라운 재주를 가진 처녀이다 보니 남자 보는 눈이 머리 꼭대기에 달려 나이가 들어도 시집을 못 가고 있었어요. 어지간한 남자가 청혼을 해 오면 코방귀도 안 뀌었지요.

걱정이 느는 건 처녀의 부모님이었지요.

"저처럼 재주 많은 남자가 아니면 시집을 안 가겠다니 어쩌면 좋을까?"

처녀의 아버지는 고민하던 끝에 결단을 내렸어요. 남다른 재주가 있는 신랑감을 구한다는 방을 동네방네 붙인 거예요.

방을 붙인 지 닷새 만에 드디어 한 총각이 찾아왔어요.

"저는 하루아침에 열두 칸짜리 기와집을 지을 수 있지요."

총각은 자랑이라도 하듯 기와집을 지어 보였어요.

총각의 집 짓는 솜씨는 정말 마술처럼 빨랐어요.

산에서 나무를 해 오는 것도 뚝딱, 해 온 나무를 톱으로 자르고 대패로 밀고 기둥을 세우는 것도 뚝딱, 기둥에 대들보를 얹고 지붕을 올리는 것도 뚝딱, 문을 달고 집을 꾸미는 것도 뚝딱이었어요.

"자네 재주가 도깨비 재주로군."

하루아침에 열두 칸 기와집을 뚝딱 지어 놓으니 처녀 아버지는 눈이 휘둥그레졌어요.

처녀의 아버지는 열두 칸 집에 처녀를 불러다 놓고 이 놀랍고도 신기한 재주에 감탄을 했어요.

그런데 기와집을 찬찬히 살펴본 처녀는 문설주를 가리키며 고개를 저었어요.

"재주는 놀라우나 문설주를 거꾸로 다는 경솔함이 있으니 저의 신랑감은 아니옵니다."

총각이 실수를 하여 문설주를 거꾸로 달았는데 처녀가 이를 찾아낸 것이었어요.

아쉽지만 시집갈 본인이 아니라는데 어쩌겠어요. 처녀 아버지는 총각을 보내고 또 며칠을 기다렸어요.

"저는 벼룩 석 섬 서 말을 하루아침에 잡아 코를 꿰어 말뚝에 매어 놓을 수 있습니다."

며칠 후 한 총각이 찾아와 처녀 아버지가 보는 앞에서 벼룩 석 섬 서 말을 잡아 실로 코를 꿰어 솔가지에 걸어 놓는 재주를 보여 주었어요.

"하하하 애야, 저 총각 재주가 귀신 재주인데 네 신랑감으로는 어떠하냐?"

처녀 아버지가 묻자 처녀가 벼룩을 하나하나 살피더니 팽하니 돌아섰어요.

"맨 끝에서 두 번째 벼룩은 코를 꿰지 않고 목을 묶어 놓았네요. 재주는 좋으나 얼렁뚱땅 넘기려는 버릇이 있는 듯하여 싫습니다."

이렇게 해서 두 번째 총각을 보내게 되었는데, 그 뒤로는 찾아오는 사람이 없었어요.

한 해가 가고, 두 해가 가고, 십 년이 지나도 나타나는 사람이 없었지요.

알록달록 여러 색의 복주머니

'내 재주가 좋으면 뭘 해. 평생 혼자 살아야 할 팔자인걸. 이렇게 사느니 차라리 죽는 게 낫겠어.'

절망한 처녀는 끝내 외로움을 견디지 못하고 절벽에 올라가 몸을 던졌어요.

그런데 처녀가 눈을 떠 보니, 자신은 형형색색 천 위에 누워 있고, 옆에는 멋진 총각이 웃고 있는 것이었어요.

"이게 어찌 된 일이지요?"

"저는 무명천 열두 필을 물들이는 재주를 가진 총각입니다. 제가 노란 치자 열매를 으깨어 껍질과 알갱이 모두를 뜨거운 물에 풀어 넣고, 그 속에 무명천을 넣고 잘 주물러 노란 물을 들인 다음 빨랫줄에 너는데, 하늘에서 당신이 떨어지는 게 아니겠소."

"무명천에 물을 들이다 제가 떨어지는 걸 보신 거네요."

처녀가 묻자 총각이 흐뭇한 미소를 지으며 대답했지요.

"그렇소. 당신이 떨어지는 것을 본 나는 얼른 무명천을 가져와 홍화꽃과 꼭두서니로 빨간색 물을 들이고, 지치 뿌리로는 자주색 물을 들이고, 뽕나무 줄기로는 갈색 물을 들이고, 쪽풀로는 푸른색 물을 들여 색색깔 무명천 열두 필을 펼친 뒤 당신을 받았지요."

처녀가 절벽에서 떨어지는 잠깐 사이에 무명천 열두 필을 물들였다는 총각의 말에 처녀는 옳거니 했어요. 지금까지 찾아온 천생연분 신랑감이 바로 이 총각이다 싶었거든요.

처녀는 하루아침에 무명천 열두 필을 물들이는 총각에 홀딱 반해 얼른 아버지에게 갔어요.

"허허허, 그만한 재주를 지닌 총각이라면 너와는 천생연분이니 당장 혼례를 올려야겠구나."

아버지의 허락이 떨어지자 처녀는 총각과 식은밥에 물 말아먹듯 후닥닥 혼례를 치렀어요. 그리고 아들 딸 낳고 행복하게 잘 살았지요.

오색 치마, 색동 저고리……. 지금처럼 화학 공업이 발달하지 못했던 옛날, 우리 조상들은 어떻게 그토록 아름다운 빛으로

옷을 지어 입을 수 있었을까요?

　　정답은 자연에 있어요. 우리 조상들은 자연 속에서 아름다운 색을 뽑아 옷으로 옮기는 놀라운 재주가 있었지요.

　　흔히 우리 민족을 '백의민족'이라고 해요. 이는 흰 옷을 즐겨 입는 민족이라는 뜻이지요. 그렇다고 우리 민족이 흰 옷만 입었던 것은 아니에요.

　　형형색색으로 옷감에 물을 들여 아름다운 옷을 지어 입기도 했으니까요. 이 때 옷감에 물을 들이는 재료, 즉 염료는 모두 자연에서 얻은 거예요.

　　이를 천연 염료라고 하는데 주로 푸른색, 노란색, 자주색, 빨간색이 인기가 많았어요.

　　천연 염료는 식물이나 광물을 이용했어요.

　　그 중에서도 식물은 삼한 시대부터 사용했다는 기록이 있어요. 이 때는 쪽이라는 식물로 청색 물감을 들이고 그 천 위에 여러 가지 색실로 문양을 넣었지요.

　　식물 염료로 많이 쓰인 것들에는 쪽 이외에도 빨간색을 내는 꼭두서니, 홍화꽃, 소방목 등과 노란색을 내는 울금, 화연, 회화나무, 황벽나무와 자주색을 내는 지치의 뿌리 등이 있지요.

또 뽕나무 줄기에서는 갈색 염료를 얻고, 금잔화를 달인 물로는 주황색을 물들이는 데 사용했지요.

이렇게 식물에서 얻은 천연 염료는 사람의 피부에 닿아도 전혀 해가 되지 않기 때문에 염료로 인한 오염을 걱정할 필요가 없지요.

또 요즘 많이 사용하는 화학 염료는 오래 입을수록 물이 빠져서 흉해지지만, 천연 염료를 이용한 조상들의 염색은 오래될수록 은은한 빛을 더해 오래 입어도 싫증이 나지 않아요.

천연 염료와 오방색의 신비

천연 염료는 합성 염료와 달리 우리 몸에 아무런 해가 없어요. 그러면서도 다양하고 아름다운 색을 내지요. 우리 옛 조상들은 이 천연 염료를 이용해 여러 가지 색깔을 만들었는데, 그 중 다섯 가지 색을 중요하게 여겼어요.

흰색, 청색, 황색, 붉은색, 검정색이 그것인데, 오방색이라 하여 방위를 상징하는 색으로 여겼지요. 황색은 중앙, 청색은 동쪽, 흰색은 서쪽, 붉은색은 남쪽, 검은색은 북쪽을 나타내는 것으로 생각했어요. 그런데 천연 염료로 내는 색은 이 다섯 가지 색을 은은하게 펼쳐 놓은 것 같은 색이 많아요. 천연 염료로 그만큼 다양한 색깔을 낼 수 있었던 것이지요.

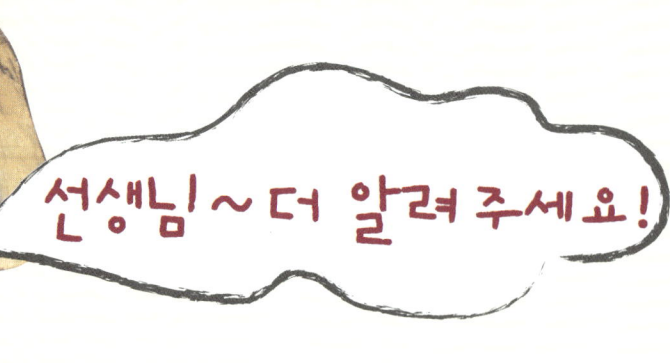

선생님~더 알려주세요!

겨레의 색 쪽빛

하늘빛처럼 푸른 색깔을 내는 염료가 바로 쪽이에요.

쪽은 마디풀과에 속하는 한해살이 풀로 우리나라 산이나 들에서 흔히 볼 수 있어요. 쪽은 키가 약 50센티미터 정도 자라고, 8~9월에는 붉은색 꽃이 피지요.

잇꽃으로 불리는 홍화가 꽃잎을, 치자나무가 열매를, 울금이 뿌리를, 황벽나무가 줄기의 속껍질만을 염료로 쓰는 것처럼 쪽풀도 전체를 염료로 사용하지는 않아요.

쪽에서 염료로 쓰이는 부분은 잎이지요. 옷감에 쪽물을 들이기 위해서는 이 잎에 있는 염료를 뽑아 내야 해요.

그러기 위해서는 쪽풀의 꽃이 필 무렵 충분한 양을 베어 항아리에 눌러 담고 깨끗한 물을 부어요. 물을 붓고 사흘 정도가 지나면 쪽풀의 잎에서 염료가 우러나와 녹색빛을 띠게 되지요.

항아리의 물이 녹색빛을 띠면 물만 남기고 쪽풀을 모두 건져 내요. 그런 다음 옷감에 물이 잘 들게 하고, 빨아도 색이 변하거나 빠져 버리는 것을 막기 위해 굴이나 조개의 껍데기를 태워 가루로 만들어 넣고 잘 저어요.

이 때 '꽃거품' 이라고 하는 가지색 거품이 나지요. 이 꽃거품이 나는 것은 지금까지의 과정이 잘 진행되었다는 것을 말해 주는 거예요.

　다음은 하루 정도 그대로 두고 앙금을 가라앉힌 뒤, 위쪽의 물을 따라 내고 아래쪽에 가라앉은 앙금을 베보자기로 걸러 내요. 이 묵 같은 앙금에 쪽대 등을 태워서 만든 잿물을 섞고, 1주일에서 3개월 정도를 두면 쪽물이 되지요.

　이 쪽물에 무명과 같은 천을 담갔다가 햇빛에 말리면 공기와 만나 쪽빛이 되는 거예요.

　물론 한 번으로 아름다운 쪽빛이 나는 것이 아니지요. 제대로 된 군청 색 빛을 내려면 위의 과정을 50번 정도를 반복해야 한다고 해요.

　이렇게 해서 우러난 쪽빛은 옷감에 다양하게 사용되었어요.

　조선 시대에는 관리들이 입는 관복이나 여자들의 치마, 이불 등에 쪽물을 들이는 것이 보통이었지요.

　하늘의 빛을 닮은 색, 쪽빛은 천연 염료라는 장점과 더불어 은은하고 편안해 바라보고만 있어도 사람의 마음을 편안하게 만들어 주는 겨레의 빛이라고 할 수 있지요.

과학논술 사고력 코너

1. 처녀는 어떤 재주를 가지고 있었나요?
    ① 하룻밤에 무명천 열두 필을 짜는 재주
    ② 하루에 아흔아홉 칸 집을 짓는 재주
    ③ 벼룩 서 말의 코를 실에 꿰는 재주
    ④ 높은 곳에서 떨어져도 다치지 않는 재주

2. 다음 글에 들어갈 단어를 보기에서 찾아 넣으세요.

   보기 : 무명날기, 실잣기, 솜타기, 고치말이

   목화를 부풀게 해 솜을 만드는 (   )를 하고, 잠깐 동안
   부풀린 솜에서 실을 뽑기 위한 (   )를 했어요. 거기서 다시
   실을 뽑아 내는 (   )도 잠깐 동안, 실로 베를 짜기 위해
   여러 줄의 날로 만드는 (   )도 잠깐 동안 했지요.

3. 처녀가 만드는 옷감은 무명천이에요. 무명천을 만드는
   재료는 무엇인가요?
    ① 누에   ② 삼
    ③ 목화   ④ 모시풀

4. 기와집을 짓는 총각이 저지른 실수는 무엇인가요?
    ① 대문을 달지 않았다.
    ② 기둥을 빠뜨리고 집을 지었다.
    ③ 문설주를 거꾸로 달았다.
    ④ 지붕에서 비가 샜다.

5. 처녀는 왜 스스로 목숨을 끊으려 했나요?

----

6. 처녀의 천생연분으로 나타난 총각이 지닌 재주는 무엇이었나요?

----

7. 처녀는 어떤 일로 결혼할 총각을 만나게 되었나요?

창의력 코너

1. '흰 옷을 즐겨 입는 민족'이라는 뜻으로 우리 민족을 나타낸 말은 무엇인가요?
   ① 백의민족   ② 백색민족   ③ 흰옷민족   ④ 백천민족

2. 다음은 무엇을 설명한 글인가요?

   > 삼한 시대부터 사용했다는 기록이 있는 식물성 염료로 천에 청색 물을 들였어요.

3. 다음 글의 (　) 안에 들어갈 세 가지 색깔을 〈보기〉에서 골라 넣으세요.

   > 보기 : 푸른색, 노란색, 분홍색, 녹색, 갈색, 자주색

   우리 조상은 자연의 품에서 얻은 천연 염료로 천에 물을 들여 옷을 해 입었는데 (　　), (　　), (　　), 빨간색이 인기가 많았어요.

4. 천연 염료와 나타내는 색을 바르게 연결하세요.
   ① 꼭두서니 •　　　　　　• ㉠ 노란색
   ② 울금 •　　　　　　　　• ㉡ 갈색
   ③ 뽕나무 줄기 •　　　　　• ㉢ 빨간색
   ④ 금잔화 •　　　　　　　• ㉣ 주황색

5. 천연 염료로 물을 들인 옷감의 장점이 아닌 것은 무엇인가요?
   ① 오래 입을수록 색이 은은해진다.
   ② 피부에 전혀 해롭지 않다.
   ③ 재료를 주변에서 쉽게 얻을 수 있다.
   ④ 염색이 아주 쉽다.

6. 식물에서 염료로 쓰이는 부분은 각각 달라요. (   ) 안에 알맞은 부분을 써 넣으세요.

   | 홍화는 (   )을, 치자나무는 (   )를, 울금은 (   )를, 황벽나무는 (   )만을, 쪽풀은 (   )을 염료로 쓰지요. |

해답

01 숯

과학논술 사고력 코너 20-21쪽
1. ②   2. ①
3. 사람들을 위할 줄 아는 따뜻한 마음과 어려움을 이겨 내는 지혜
4. 삼득 - ㉠, ㉢ 삼수 - ㉡, ㉣, ㉤
5. 삼득. 삼득이는 가까운 곳에 우물을 파 사람들을 편리하게 했으며, 숯을 이용해 더러운 물을 맑게 하는 지혜를 발휘했기 때문이다.
6. ③

과학논술 창의력 코너 22-23쪽
1. ③   2. ②   3. ①   4. ③
5. 고기를 굽는 연료, 음식을 상하지 않게 하는 방부제, 물을 맑게 하는 정화제, 냄새를 없애는 방향제
6. ④

02 짚

과학논술 사고력 코너 38-39쪽
1. ②   2. ③
3. 작은아들이 짚신 장수인데, 비가 오면 짚신이 팔리지 않으므로 아들이 장사를 못할까 봐 걱정한 것이다.
4. ①-㉣, ②-㉠, ③-㉡, ④-㉢
   가죽으로 만든 갓신은 양반이나 높은 사람들이 신었다.
5. ③
6. 모든 것은 생각하기 나름으로 비가 오면 나막신을 파는 아들에게 좋고, 날이 개면 짚신을 파는 아들에게 좋을 것으로 생각하라고 일러 주었다.

과학논술 창의력 코너 40-41쪽
1. ①   2. ④
3. ①-㉡, ②-㉣, ③-㉠, ④-㉢
4. 돌, 나무, 짚   5. ④   6. ④

03 옹기

과학논술 사고력 코너 56-57쪽
1. ③   2. ①
3. 음식이나 곡식을 담아 두는 그릇으로 이용되었다.
4. ②
5. 계란 한 알 사기 — 암탉으로 키우기 — 수십 마리 닭 얻기 — 암퇘지 사서 새끼 치기 — 암송아지의 새끼들을 팔아 논 사기 — 부자가 되어 고래등 같은 기와집 짓기
6. ④

과학논술 창의력 코너 58-59쪽
1. ④   2. ①, ④   3. ①
4. 질그릇은 흙을 그대로 구워 표면이 거칠고, 오지그릇은 유약을 발라 구웠기 때문에 표면이 매끄럽다.
5. ① 항아리 ② 고래 또는 소줏고리 ③ 단지
6. 옹기에는 작은 숨구멍이 있어서 공기가 통한다. 그래서 습기를 잘 조절해 주고 나쁜 물질은 밖으로 내보내 음식을 맛있게 발효시켜 주며 썩지 않게 해 준다.

04 옻칠

과학논술 사고력 코너 74-75쪽
1. ②
2. 제비 다리를 고쳐 주고 얻은 박씨에서 박이 열렸고, 그 박 속에서 온갖 금은 보화가 나왔다.
3. ②   4. ④   5. ③
6. 무거운 짐을 지고 왔는데 반겨 주는 사람이 없는데다 등에 진 물건의 이름을 알 수 없어 답답했기 때문에.

과학논술 창의력 코너 76-77쪽
1. ④   2. ①
3. 봄에 나오는 옻나무의 어린 싹을 뜨거운 물에 데쳐서 먹었다. 이를 칠순채라고 하는

데 위장에 좋고, 피가 뭉쳐 있는 것을 풀어 주며, 몸 속에 있는 기생충을 없애 주는 효과가 있었다. 또 닭을 삶을 때, 옻나무의 껍질을 벗겨 말린 것을 넣어 보양 식품으로 먹기도 했다.

4. ①, ②, ③
5. ①-ⓒ, ②-ⓒ, ③-㉠
6. 나전칠기. 나전칠기는 나무로 가구를 만들고 겉면에 무늬를 내 홈을 판 다음 그 사이에 빛깔이 고운 소라, 전복, 조개 등의 껍데기를 잘라 끼워 넣고 그 위에 옻칠을 한 것이다.

05 장

과학논술 사고력 코너 92-93쪽

1. ②   2. ③
3. 행색이 초라한 노인은 지체 높은 자신들과 어울릴 수 없다는 교만함 때문에.
4. ②
5. 먹음직스러운 복숭아를 따먹으면 나이는 절반으로 젊어지지만 살 길이 없고, 못생긴 복숭아를 따먹으면 나이가 두 배로 늙어져도 살 길이 열린다.
6. 못생겼지만 젊어지는 복숭아. 메주덩어리.

과학논술 창의력 코너 94-95쪽

1. ③   2. ②   3. ④
4. 볏짚의 마디 부분에 많은 고초균, 프로테아제와 같은 미생물들로 하여금 메주를 잘 발효시키도록 하기 위해서이다. 고초균, 프로테아제와 같은 미생물은 메주의 발효를 돕는 역할을 한다.
5. ①
6. 뫼주

06 나물

과학논술 사고력 코너 110-111쪽

1. ③   2. ③, ④

3. 무엇이든 백 배로 늘려 주는 망태기
4. 쌀을 백 배로 늘려 주었다. 금을 백 배로 크게 해 주었다.
   동전의 양을 백 배로 불려 주었다.
5. ①
6. (예) 불쌍한 사람을 진심으로 도우면 복을 받지만, 거짓으로 도우면 오히려 화를 부르게 된다.

과학논술 창의력 코너 112-113쪽
1. ①, ②, ③, ④   2. ④
3. 콩나물, 도라지 나물, 고사리 나물, 취나물, 무나물, 시래기 나물, 고구마순 나물, 호박고지 나물, 가지고지 나물
4. ④
5. 냉이에는 나물 중 단백질이 가장 많고, 비타민 A도 많이 들어 있어서 잎과 뿌리를 함께 먹으면 고른 영양분을 얻을 수 있다.
6. 식물의 독성을 없애고 부드럽게 하기 위해서.

07 모시 삼베

과학논술 사고력 코너 128-129쪽
1. ③   2. ①
3. 삼베옷을 입고 풀뿌리를 캐 먹으며 살았다.
4. 한 나라의 왕자가 삼베옷을 입고 풀뿌리를 캐 먹으며 고생하는 것이 안쓰러웠지만, 그런 태자가 있어 나라의 체면이 섰으므로 자랑스럽게 여겼다.
5. ④
6. 사람이 죽으면 삼베로 옷을 해 입었다.

과학논술 창의력 코너 130-131쪽
1. 삼베 - 삼, 대마   모시 - 모시풀
2. ①, ④   3. ①
4. 모시는 삼베보다 올이 가늘고 색이 좋다.
5. ②
6. 조끼, 두루마기, 치마, 적삼 등

08 한지

과학논술 사고력 코너 146-147쪽
1. ①   2. ①
3. 책을 만든 한지에 황톳물을 들이고 먹으로 선을 그어 호랑이 모양의 종이 옷을 입었다.
4. ③   5. ②
6. 재생 능력이 뛰어나다.

과학논술 창의력 코너 148-149쪽
1. ④   2. ①
3. 껍질을 연하게 만들어 닥나무의 섬유질이 잘 분리되게 하기 위해서.
4. 석회와 재   5. ④
6. 질기고 튼튼하며 재생력이 뛰어나다. 습기를 조절하고 통풍이 되어 창호지로도 사용된다.

09 온돌

과학논술 사고력 코너 164-165쪽
1. ③
2. 아궁이에 불을 때 밥을 짓고, 밥 냄새를 풍겼다.
3. 아궁이에 불을 때 그 열기가 방 밑으로 지나가 굴뚝으로 빠져 나가는 형태의 온돌
4. ④   5. ②
6. 윗목은 빨리 식지만 아랫목은 천천히 식는 우리나라 온돌의 특성 때문에.

과학논술 창의력 코너 166-167쪽
1. ③
2. 구운 돌
3. ①
4. 방에 넓게 펼쳐졌다가 굴뚝 쪽으로 갈수록 점점 모아지는 부챗살 모양
5. (4) — (5) — (3) — (1) — (2)
6. 아궁이에서 들어온 열기가 방을 돌아 굴뚝으로 잘 빠져 나가게 하기 위해서.

10 쪽빛

과학논술 사고력 코너 182-183쪽
1. ①
2. 솜타기, 고치말이, 실잣기, 무명날기
3. ③   4. ③
5. 자신이 가지고 있는 재주와 걸맞는 짝을 찾지 못해 결혼을 할 수가 없어서.
6. 무명천에 물을 들이는 재주
7. 절망에 빠진 처녀가 절벽에서 뛰어내렸을 때 한 총각이 천으로 몸을 감싸 목숨을 구해 주었고, 무명천을 만드는 것과 무명천에 물을 들이는 재주가 연분이 되어 결혼하게 되었다.

과학논술 창의력 코너 184-185쪽
1. ①
2. 쪽   3. 푸른색, 노란색, 자주색,
4. ①-ⓒ, ②-ⓐ, ③-ⓑ, ④-ⓓ
5. ④
6. 꽃잎, 열매, 뿌리, 줄기의 속껍질, 잎

교과서 속 우리 문화 이야기

교과서 속 생활 과학 이야기

2012년 6월 30일 초판 1쇄
2021년 1월 30일 초판 5쇄

글 _ 책빛 편집부
그림 _ 최효애
표지 디자인 _ 고문화
펴낸곳 _ 도서출판 책빛
펴낸이 _ 김영은
주소 _ 경기도 고양시 일산동구 무궁화로 7-63 1206
전화 _ 070-7719-0104
팩스 _ 031-918-0104
전자우편 _ booklight@naver.com

*잘못된 책은 바꿔 드립니다.

값 9,000원